国語嫌いな生徒が大変身する!

中学校国語科授業づくり

10の原則・25の指導アイデア

松原大介 著

明治図書

まえがき

中学生が苦手な国語の題材は、ほぼ決まっている。

文法であり、記述問題であり、古典教材である。これらは、定期テストがあるから、苦手であることがはっきりわかる。誤答が多いだけではない。無答が多いのである。「話す・聞く」学習活動や、書写に苦手意識をもつ生徒も多い。いったん苦手意識をもつと、こうした活動に取り組まなくなる生徒もいる。

こうしたことから、「国語ってキライ！」と言う生徒が、学年を追って増えてくる。国語教師にとって、これはつらい。なぜなら、学習意欲は、学力の三要素の一つと規定されたからだ。

> 基礎的な知識及び技能を習得させるとともに、これらを活用して課題を解決するために必要な思考力、判断力、表現力その他の能力をはぐくみ、主体的に学習に取り組む態度を養うことに、特に意を用いなければならない。
>
> （学校教育法第三〇条第二項）

これまで「学力とは何か」という話題をめぐって、様々な立場から多様な議論が展開されてきた。しかし、これらは、最終的に改訂学校教育法等で規定されたのである。すなわち、次の三つである。

> ①「基礎的・基本的な知識・技能の習得」
> ②「これらを活用して課題を解決するための思考力・判断力・表現力など」
> ③「主体的に学習に取り組む態度」

このうち、「主体的に学習に取り組む態度」は、学習意欲をいかに教師が喚起するかにかかっている。生徒が苦手とする題材であっても、いかに楽しく授業し生徒の学習意欲を喚起するか。それは教師の仕掛け方にかかっているといっても過言ではない。私もまた、いかに生徒の学習意欲を喚起するかに悩み、様々な工夫を重ねてきた。

その結果見えてきたのが、次の十の原則である。

1　数を示して、教えることを限定する
2　練習量を確保する
3　動きを入れる
4　説明したいことは、生徒に言わせる
5　テストで教える
6　説明でなく、発問で教える
7　説明でなく、視写で教える
8　易から難に配列する
9　個別評定をする
10　変化をつけて三回繰り返す

この中には、カテゴリーの異なる原則も入っている。しかし、現場で授業を組み立てる際には、必ずや参考になる点があると確信する。

平成二十七年十月　松原大介

目次

第❸章　生徒が苦手な「書く」活動

▼楽しい授業に大転換する指導アイデア

第4章 生徒が苦手な「話す・聞く」活動
▼楽しい授業に大転換する指導アイデア

第5章 生徒が苦手な「書写」
▼楽しい授業に大転換する指導アイデア

第1章　生徒が苦手な教材▼楽しい授業に大転換する10の原則

1　数を示して、教えることを限定する

「文法が苦手なんです。全然わかりません。」

まじめな生徒ほど真剣に悩んでいる。文法で覚えなければならない事項はたくさんある。だから、その文法体系のすべてを頭に入れないと、文法の設問に答えられない、と考えている。

これでは、文法が苦手になるわけである。

確かに、文法学習はその入り口から、文法体系全体が頭に入っていないと、本当は解けないような問題から始まる。それは、文を単語に分ける問題である。文法学習では、文を文節に分けたあと、単語に分ける学習に入る。文法が苦手な生徒は、ここでもう、つまずくのである。

> ■問題　次の文を、単語に分けなさい。
> 　　弟は、新潟へ行きます。

【生徒の答の例】　×　弟｜は、｜新潟｜へ｜行きます。

文法の苦手な生徒は、「行きます」を「行き」と「ます」に分けることができない。なぜ「行き」と「ます」に分けられるのかを理解できないのである。

これを理解するためには、「行き」は、動詞「行く」が活用したものであることを見抜く必要がある。ここで、活用とは何かを教えたくなる。しかし、このようなことは、説明すればするほど、わからなくなってしまう。

そこで、こうした知識なしで教えることを考える。どうするか。

数を示して、教えることを限定する。

次のように指示する。

単語が二つあります。分けなさい。

「行きます」→「行き」＋「ます」
「行けない」→「行け」＋「ない」
「行きたい」→「行き」＋「たい」

というように、「動詞＋助動詞」の形の例文を扱う。

次に「動詞＋助動詞＋助詞」の形の例文を扱う。

単語が三つあります。分けなさい。

「行きました」→「行き」＋「まし」＋「た」
「行けなかった」→「行け」＋「なかっ」＋「た」
「行くでしょう」→「行く」＋「で」＋「しょう」

このように、代表的なものをいくつか練習させたあとに、動詞を変化させた問題を出す。

■問題　次の文を、単語に分けなさい。
弟は、新潟へ行きます。

これなら、文法が苦手な生徒もできる。
最後に、

二つの単語に分けなさい、という問題を作りなさい。

というように、自分で問題を作らせ、理解を確かなものにしていく。

2　練習量を確保する

苦手を克服する鍵は、繰り返し練習することである。一度わかっただけでは定着しない。繰り返し練習してはじめて身に付く技能がある。

そのために重要なことは、授業で十分な練習量を確保することである。

しかし、今の中学校の授業は、この練習量が、極端に少ない。

なぜか。

時間がないという声が圧倒的である。

「教える内容は増えたのに、授業時間が足りない」

現行の学習指導要領が完全実施された頃、中学校現場でよく聞かれた嘆きである。

国語の授業は、中学校一、二年生で週四時間。三年生で、週三時間である。これは、確かに少ない。

ここが、週に五～九時間もある小学校とは、大きく違うところだ。

教えなければならない学習内容を、とりあえず教えるのが精一杯、というところなのだ。

しかし、これでは、身に付けなければならない知識や技能に習熟できない。何となく「わかる」が、「できない」という生徒が続出する。「わかる」と「できる」の間には、大きな落差がある。その落差を埋めるのが練習量なのである。

少ない時間で、どうやったら、練習量を確保することができるのか。

すぐできるのは、これである。

無駄な時間を無くす

例えば、授業の始まりである。

チャイムが鳴ってから教師が教室に入る。教室はまだ休み時間のような状況だ。廊下に何人も生徒がいる。ようやく号令係が教室に入り号令をかける。「起立」。なかなか起立しない生徒、まだ廊下にいる生徒もいる。全員が揃うまで待ちながら、「もっと早く」「きちんと立ちなさい」と叱る。あっという間に五分が経過してしまう。

こうする。

チャイムの鳴る三分前に教室に入る。まだ休み時間だから、廊下にたくさんの生徒がいる。しかし、教室に入るともう座って漢字の練習をはじめている生徒が二、三人いる。そういう生徒を褒めながら、座っていない生徒にも声をかけていく。まだ休み時間だから、「風邪は治りましたか」などの言葉掛けでいい。しかし、生徒はそれを「着席せよ」の指示と受け取り、席に座っていく。こうして、チャイムが鳴る頃には九割ほどの生徒が着席している。チャイムが鳴ったら授業を始めてしまう。待たない。漢字スキル、フラッシュカード、暗唱などを始めてしまう。

たった五分というが、一日で五分、一週間に二十分、一か月に八十分もの時間を生み出すことができる。

練習量を確保するもうひとつの方法は、これである。

単位時間あたりの練習量を増やす

例えば、五色百人一首である。授業では、五分間のパーツとして組み入れている。

五分間のパーツで何回やるか。

最初は、一回くらいで五分かかった。慣れてきても二回がやっとである。

これを三回にする。かなりのスピードになる。

「百人一首、桃札！」生徒たちが一斉に机を隣とくっつけ、座席を移動する。そのときすでに教卓から取り札を持っていく生徒もいる。

「ご用意よければ、空札一枚。」まだ用意ができていないところが半分くらいあるが始める。

「東海の小島の磯の白砂にー、わが泣き濡れてかにとたわむる」。これを読んでいる間にほぼ用意ができる。まだ三、四組用意ができていないところがあるが、始めてしまう。待たない。

「来ぬ人を　まつほの浦の　夕なぎに」ここで一瞬間をおく。

「焼くや藻塩の　身もこがれつつ　もろともに　あはれと思へ　山桜」

「花よりほかに　知る人もなし　長からむ　心も知らず　黒髪の」

下の句と、次の歌の上の句を続けて読んでいく。次の歌まで、間をおかない。

このようにしたら、生徒が一首終わるごとに、騒々しくなるようなことがなくなった。それもあって、どんどん次の歌を読んでいける。

一回戦終了。「移動します」。これで、負けた生徒は一段下に、勝った生徒は一段下に移動する。これも全員が並べ終わるのを待たない。

「ご用意よければ、空札一枚。」

このようにして三回戦までやる。私の場合、どうしても六分かかった。それでも、毎回一回戦増やすことができた。これで、週に四回戦、一か月で十六回戦も多く対戦ができる。十か月続けたとして一年間で百六十回戦も増やすことができる計算だ。

単位時間あたりの練習量を増やす効果の大きさがわかる。

授業のスピードを上げる。

待たない。

3 動きを入れる

1▼練習量を確保するために

練習量を確保するには、教えることを一つに絞り、授業のスピードを上げることである。

授業のスピードを上げ、練習量を確保した授業に共通することがある。それは、これである。

> 動きを入れる。

漢字スキルと漢字ドリルを比較するとよくわかる。

漢字ドリルは、一つの漢字を十回程度書く。「書く」というのは、相当な時間がかかる。勢い、十回書くことが目的になってしまう。早く終わらせようと、偏だけ十回書いておいて、それから旁を十回書くようなことが起きる。

それでも練習回数は、十回でしかない。これでは、ドリルは終わっても、肝心の漢字を覚えていない生徒が出る。

一方、漢字スキルは、まず、正しい筆順で書けるようになるまで何度も指書きをさせる。何回書けば良いというのではない。「筆順」を覚えるまで、というところが肝である。「紙に筆圧をかけてひっかく」という負荷がないから、覚えるまで練習することができる。同じ時間で「書く」ことの二倍は練習量を確保できる。

その後も、なぞり書き、写し書き、テストの練習と、変化のある繰り返しで、練習量を確保している。このように漢字スキルは、「スキル」という名の通り、「指書き」「なぞり書き」「写し書き」という動きを入れるシステムによって、「ドリル」に対して、圧倒的な練習量の差をつけているのである。

文法指導のポイントである「活用とは何か」の授業も、動きを入れることで、練習量を確保している。

従来の指導では、活用表を提示して、その空欄に、どう活用するかを書かせる。これだと、一つつまずくと、先に進めない。あれこれ調べて、活用表を埋めるものの、それで頭に入っているわけではない。すべて活用表を埋めて、それでも練習は一回でしかない。

それに対し、「活用のものさし」を使って、活用させる指導では、口頭で何度も何度も活用させて唱えさせているため、一度に多くの単語の活用を練習させることができる。（指導の実際は、第2章の❶文法教材　3活用が苦手をご覧ください。）

まず、動きを入れることで練習量を確保し、その中で帰納的にわかるようにすればいいのである。

2▼説明なしで教えるために

動きを入れることの良さは、説明なしで教えることができることにもある。

生徒がわからなくなる大きな原因の一つが、難しいところにくると教師の説明が長くなることである。この長い説明なしで、いかに教えるか。その工夫の積み重ねが、授業であるといってもいいくらいである。

二年生の光村図書版教科書に「類義語・対義語・多義語」の教材がある。多義語のところで、向山洋一氏の「かける」の授業を追試した。

■発問　「かける」という言葉にはたくさんの意味があります。調べてみましょう。
■指示　ノートに「……をかける」の短い文をできるだけたくさん書きなさい。

最初に時間をとって個人作業をさせた。ところが二つ三つ書くのがやっと。数が勝負なので、これでは話にならない。班でブレストをさせて、ノートに書き足させた。さらに、途中でできた数を挙手で確認し、少ない生徒から板書させていった。こうして、黒板が一杯になったら、ノートに書き足させた。

次の時間、こう指示した。

同じ意味で使われているものを集めてグループ分けしなさい。

班に一枚用紙を配り、話し合って、同じ意味の単文を集めてどういう意味かを書かせた。

ある班の分類である。

【ひっかける】
・ボタンをかける。　・服をハンガーにかける。　・首にかける。　・壁に絵をかける。
・机にカバンをかける。

【上から振りかける】

・ソースをかける。　・ふりかけをかける。　・こしょうをかける。　・しょうゆをかける。
・ふとんをかける。

【端から端へ渡す】
・橋をかける。　・はしごをかける。　・なわをかける。　・またにかける。

【思いを伝える】
・声をかける。　・気にかける。　・電話をかける。　・目をかける。

【同音異義・その他】
・野を駆ける。　・字が書ける。　・お金を賭ける。　・ちゃわんが欠ける。　・行きかける。

できた班から全体で発表させた。やはり四つの意味に収束していった。

> このような言葉を「多義語」と言います。

この授業では、多義語とは何かを一度も説明していない。いきなり、短文を集めるという動きから入っている。次にこれを分類させている。その中で多義語とは何かが帰納的にわかるように組み立てられているのである。

4 説明したいことは、生徒に言わせる

勤務校で、教員採用試験を目指す若手講師を対象に、模擬面接や模擬授業の指導を担当していた。教科書のあるページを模擬授業してもらい、代案を示す。若手講師の模擬授業を見ていると、ある点で共通することに気づいた。

生徒が苦手なところにくると、説明が多くなる。

「わからない」という生徒が多いと、どうしても説明してわからせようとする。その気持ちは、わかる。しかし、説明すればするほどわからなくなる。そもそも説明では、なぜわからないのか。それは、「聞く」ということが、極めて難しいからに他ならない。聞いて理解するためには、ざっと次のような技能・態度が必要になる。

・相手の言うことを聞きながら理解する能力
・他の事に気を取られず、相手の話に集中する能力
・たとえ関心がなくても、理解しようとして聞くことができる力
・話を途中でさえぎったり、話の腰を折ったりしない態度

・話の半ばで早飲み込みをして、「わかった」と勝手に結論を下したりしない態度
・自分と考えが違う人でも、理解しようとして聞くことができる力
・話を聞いているとき、別のことを考えない能力
・聞きながらノートを取る能力

これだけの言語能力を身に付けるには、それ相応の訓練が必要だ。そのような能力は、最初から備わっているわけではない。だから、説明という方法では伝わらないのである。

「説明なしで、どうやって教えるのですか」若手教師は、聞いてくる。

私は答える。「一番いいのは、発問で教えることです。しかし、これは高段の芸です。」

「では、一番簡単な方法は何ですか。」

私はこう答えることにしていた。

> 一番簡単な方法は、教えたいことを文書にして、生徒に音読させることです。

若手講師は、一様に驚く。「何だ、そんな簡単な方法か」というわけである。しかし、これでも立派な「説明なし」で教える方法なのである。生徒は、覚えるべきことを、目から入力し、音声で出力し、さらにその音声を耳から入力する。五感まではいかなくても、複数の感覚器官をフルに使って言語活動をする。だから、「説明を聞く」より、ずっと理解・定着度が高まるのである。

この方法は、新しい用語を覚えさせる場面で、極めて有効である。大森修氏に教えていただいた方法を紹介する。

詩の鑑賞の単元における最後の授業である。これまでに出てきた表現技法を、まとめて定着させる場面である。

教科書の表現技法がまとめてあるページを出させ、まず音読させる。

> 音読した人から座ります。座ったら、もう一度音読します。全員起立。

全員が着席したところで問う。

> 擬人法とは、

以下、生徒に音読させる。「人間でないものを人間にたとえる表現技法です。」

> 人間でないものを人間にたとえる表現技法を何といいますか。

「擬人法」

音読から、発問→書いてある答えを音読させる、という流れで、定着させることができる。

「定義」を声に出させて言わせることの良さは、定義は何度言っても変わらない言葉だ、というところにある。

実はこういうところで、教師は思いつきで、同じ意味を様々に言う可能性が高くなる。

だから、きちんと確定した言葉を使うべきだし、それを生徒に言わせるべきなのである。

しかも、最初だけ言って後半を生徒に言わせる。さらに、それをひっくり返して言わせる。

この方が、より生徒は定義の言葉を覚えて言うようになり、理解もしやすくなる。

5 テストで教える

1▼テストをつくってから教える

「国語は答えが一つじゃないから苦手」という生徒がいる。国語は、到達度があいまいな教科である。学習指導要領を見れば一目瞭然である。社会、理科、数学といった「内容教科」では、第一学年、第二学年、第三学年それぞれに、理解させなければならない内容項目が具体的に並べられている。国語では、どの学年も同じようなものだ。学年を隠せば、内容を読んだだけで学年を当てられる教師は、そういないと思えるほどだ。

そこで、単元に入る前に評価テストを作成してから授業に入ろう、というのが私の主張である。（詳しくは、拙著『到達度を明確にした国語科の学力保障　中学校編』参照）評価テストは、その教材で身に付けさせるべき到達度を明確に示している。評価テストを先に作成しておけば、それをクリアする授業を構想すればよい。テストを先に作成することは、授業で指導すべきことを、明確にするのである。

2▼テストでスキルの習得を自覚させる

多くの国語の授業には、その授業で習ったことを生徒がわかったのかわからなかったのかをチェックするシステムがない。多くは、定期試験においてはじめて、生徒の学習成果の評価を行っている。

その点、数学などは明確で、例題で学習したことを練習問題で習熟させ、発展問題で応用させ、その単元で身に付けるべきスキルを習得させている。生徒も、これができれば、習得できたと自覚するし、できなければ、まだ習得できていないとわかる。

国語の授業でも、授業の到達度をチェックできるシステムが欲しい。このニーズにぴったりなのが、これである。

新中学国語〝教科書学習スキル〟習得ワーク集／渡辺大祐著（明治図書）

教科書を使った指導のあと、関連するワークをやるのである。

例えば、短歌の授業をする。短歌の解釈をノートに書かせて終わりにしない。次のワークをさせる。

1　表現技法①　直喩・暗喩・擬人法
2　表現技法②　反復法・倒置法・体言止め
3　五七調・七五調
4　詩（押韻・対句）
5　擬音語・擬態語
6　詩の形式（口語・文語　定型詩・自由詩）

本ワークをすることで「スキルが身に付いたか」の確認ができ、他の教材に出会ったときに応用も効くのである。

3▼テストの答え方を教える

国語が苦手だという生徒の中に、答えはわかっているのに、「×」をもらうからという生徒がいる。採点すると、この生徒はわかっているな、とわかるが、どうしても「○」は付けられない。

このようなことは他教科ではまれであるが、国語ではよくある。国語テストには、国語テストの答え方というものがあるからである。このようなことは、あまり国語の授業では教えられていない。国語の授業で、国語テストの答え方を教えるべきである。このニーズにぴったりなのが、これである。

あかねこ中学読解スキル　1〜3年（光村教育図書）

各設問のあとに〔解き方〕という手引きがある。これがまさに読解のスキルになっている。

1　設問を読む。
2　設問文で問われていることを確認する。〔○で囲ませる〕
3　答えになる文を問題文から探す。〔傍線を引かせる〕
4　答えになる文を写す。
5　答える条件を確認する。
6　条件に合わせて、答えを記述する。

この通りにやっていけば、解けるようになっている。

6　説明でなく、発問で教える

1▼説明なしで教える

説明なしで教える究極の方法は、発問で教えることである。

教えたいことを、説明せずに、生徒に発問し、答えを言わせるのである。生徒が、発問に答えていくうちに、気づき、わかり、できるようになっていく。もちろん、生徒が答えられるように組み立てなければならない。

もちろん発問だけで教えるのは、高段の芸である。しかし、挑戦しなければ上達しない。とにかく、発問だけでどう教えるかを、教材ごとに追究することである。もちろん私も、追究を続けている。

以下、『国語3』（光村図書、平成二十四年度）の全単元から、主要教材を授業して、手応えのあった発問をリストアップする。

（1）朝焼けの中で（詩）

■発問1　「あのときの強い体験」とは、誰のどんな体験か。二十五字以内で書きなさい。

〔解答例〕「私の、朝焼けの美しさを言葉で表現できなかった体験」

■発問2　「言葉は朝焼けの中の八歳の少女のようだ」とあるが、次は、これをわかりやすく説明した文である。［　　　　］にあてはまるように、文章中の語句をなるべく使って、三十字以内で書きなさい。

・言葉は朝焼けの中の八歳の少女のように［　　　］。

〔解答例〕「貧しく、絶望的で、自然の表現力の見事さに及びようもない」

（2）握手（小説）

■発問1　握手は何回していますか。（三回）

■発問2　最初の握手は、誰からの握手ですか。また、その握手は何を伝えようとした握手ですか。
（ルロイ先生。もう心配しなくていいということ）

■発問3　二回目の握手は、誰からの握手ですか。また、その握手で何が伝わりましたか。
（ルロイ先生。病気の予兆）

■発問4　「三回目の握手は、誰からの握手ですか。その握手は何を伝えようとした握手ですか。
（わたし。ルロイ先生、元気でいてくださいという励まし）

（3）月の起源を探る（説明文）

本文は、一行空きで六つの意味段落に分けられており、それぞれに小見出しが付いている。

■指示1　小見出しに番号を付けなさい。

■発問1　問いの意味段落は、どの段落ですか。
（第一段落『はじめに』）

■発問2　問いの文は、どの文ですか。
（月とは、いったいどのような天体で、どのようにして誕生したのだろうか）
■発問3　問いの文の前半『月とは、いったいどのような天体なのだろうか』の答えになっている意味段落は、どれですか。
（第二段落『不思議な衛星・月』）
■発問4　問いの文の後半『月は、どのようにして誕生したのだろうか』の答えになっている意味段落は、どれですか。
（第四段落『衝突から月へ』）
■発問5　答えの文は、どれですか。
（このように巨大衝突説は、月の重要な特徴を説明できるように組み立てられている。）
■発問6　『巨大衝突説』を、『月は、どのようにして誕生したのだろうか』の答えとしていいですか。
・答えは次の二つに分かれる。討論する。
〔解答例〕答えとしていい。なぜなら、第五段落で模擬実験をして、この仮説通りの結果が得られているからだ。

〔解答例〕答えとしてはいけない。なぜなら「説」とあるからだ。四八ページ五行目に「『巨大衝突説』は、今なお『最も有力な仮説』という位置づけであり」とある。

（4）読書と情報（読書）
教科書二四五ページ「読書記録」を音読させて問う。

■発問　大江健三郎が十三歳から続けている習慣は何ですか。
（一冊読むと、自分がどう思ったかを記し、大切な行を抜き書きする。）

■指示　読書記録を書きます。ノートを一冊用意しなさい。教科書の読書教材「蝉の声」「高瀬舟」「光で見せる展示デザイン」の中から一つを選んで読みなさい。

■指示　ノート一ページに本一冊。大切な行を書き抜きなさい。自分がどう思ったか書きなさい。

■説明　このようにして、朝読書で読んだ本の読書記録を付けます。朝読書の本は、教科書の九八～一〇一ページ、二四二～二四三ページから選び、読み終えた本はチェックマークを付けます。

（5）挨拶（詩）

■指示1　詩の中の「顔」という言葉を囲みなさい。

「この焼けただれた顔」　A
「向き合った互の顔」　B
「すこやかな今日の顔」　C
「すがすがしい朝の顔」　D
「その顔」　E

■発問1　それぞれ誰の顔ですか。

■指示2　A～Eの「顔」を二つのグループに分けなさい。
（Aは原爆が落とされた人の顔で、BCDEは友人の顔）

■発問2　「しずかに耳を澄ませ」は、どう音読すべきですか。

（命令形で読むべきである。）

■発問3　「何かが近づいてきはしないか」の何かとは何ですか。

（戦争が始まる予兆）

・「戦火」「死」「原爆」などが出るだろう。詩の中に「地球が原爆を数百個所持して／生と死のきわどい淵を歩くとき」とあり、今も核兵器の存在や恐怖は去っていないということが根拠となる。

■発問4　「五連　その顔の中に明日の表情をさがすとき　私はりつぜんとするのだ」とあるが、私はなぜ「りつぜん」とするのですか。

（戦争の危険がいつもあるのに、油断しているから）

■発問5　「午前八時一五分は／毎朝やってくる」という表現で、筆者が伝えたかったことは何ですか。

（毎日やってくるけど、あの日がもう一度こないような世界になっていってほしい。）

（毎朝、原爆のような危険なことがくる可能性がある。）

（戦争のことを忘れるな。毎朝原爆の危機はやってくる。）

（平和な今も油断してはいけない。）

（6）故郷（小説）

■発問1　主役は誰ですか。対役は誰ですか。

（主役＝わたし、対役＝ルントウ）

■発問2　主役の「わたし」が変化するところ（クライマックス）はどこですか。

①　覚えず寂寥の感が胸に……

②　やっと美しい故郷を見た……
③　思わずあっと声が出かかった。
④　「旦那様！……。」
⑤　「伯父さん、僕たち、いつかえってくるの。」
⑥　だが名残惜しい気はしない。
⑦　希望という考えが浮かんだので、私はどきっとした。
⑧　まどろみかけた私の目に、海辺の広い砂地が浮かんでくる。

■発問3　これらの中で、最も変化したところ（ピクナル＝クライマックスの頂点）はどこですか。

・答えは次の二つに分かれる。討論し、主題に迫る。

A（④「旦那様！……。」だと考えます。なぜなら、それまで故郷の希望の象徴だったルントウに、心の壁ができてしまったことを思い知らされ、ここから「わたし」は故郷に絶望したからです。）

B（⑧「まどろみかけた私の目に、海辺の広い砂地が浮かんでくる。」だと考えます。なぜなら、「歩く人が多くなれば、それが道になるのだ。」とあり、ここからルントウはいなくても、多くの人と希望への道を進もうと決意したからです。）

（7）　ネット時代のコペルニクス（論説文）

■発問1　いくつの形式段落からできていますか。

（①～⑯、十六段落）

■発問2　それを大きく三つ（Ⅰ～Ⅲ）に分けなさい。

（Ⅰ　①②③　序論）
（Ⅱ　④～⑭　本論）
（Ⅲ　⑮⑯　結論）

■発問3　Ⅱの本論を二つ（1、2）に分け、タイトルを付けなさい。

（1　④⑤⑥⑦⑧⑨⑩　インターネット検索と図書館の違い）
（2　⑪⑫⑬⑭　知識の革新）

■発問4　Ⅲの結論部分から筆者の主張を一文で書き抜きなさい。

（だが、そのような時代だからこそ、情報をばらばらに消費するのではなく、それらを相互に結び付け、体系的な理解をしていくことが大切なのである。）

■発問5　この一文と同じ内容の部分を六字で書き抜きなさい。

（新しい知識の創造）

■発問6　「新しい知識の創造」の具体例は何ですか。

（コペルニクスの地動説）

■発問7　筆者の主張を文にします。タイトルの下に省略された言葉を補いなさい。

ネット時代のコペルニクス□

（になれ）（たれ）

7　説明でなく、視写で教える

1▼指示を減らせる

説明なしで教える方法の一つに、視写で教える方法がある。

視写で教えることの良さは、説明だけでなく、指示も減らせることにある。

指示が多すぎるのも、国語が苦手にさせてしまう一因になる。

そもそも、指示をすれば、それができたかどうかを確認しなければならない。確認の技術は、様々ある。しかし、どんなに簡便な方法を採ったとしても、それ相応の技術とエネルギーが要る。生徒も、確認を面倒がる。ついつい、確認を怠る。そうなってしまえば、生徒の中に、指示に従わない生徒が出てくる。授業崩壊の亡霊が、ここから出てくるのである。

その点、視写させれば、指示は大幅に減らせる。確認も減らせる。

その確認も、書かれたものを点検するだけである。指示→確認の場合は、様々な確認の技術が要る。習熟の必要な技術もある。それに比べれば、視写の確認は、はるかに容易である。

2▼手紙の書き方

手紙の書き方は、全国学力・学習状況調査でも取り上げられた。必須の指導事項といえよう。

手紙の書き方こそ、丁寧に教えようとすればするほど、指示が多くなる。字の場所、大きさ、バランス、記載事項、字形等々、いちいち指示しなければならない。

一番良いのは、まず良い手本を視写させることである。手本は、今なら良いものがある。次の『手紙の書き方体験授業』（http://www.schoolpost.jp/）から教材を入手しよう。

視写用の手本だけでなく、宛名書きテンプレート、実際に投函できるハガキまで付いてくる。ここには、授業用のサイトまである。これを使って授業を進めていけば良い。

一行視写させた段階で、必ず持ってこさせ、点検する。厳しく点検して誤りがあれば「書き直し」させる。「一行」というところがポイントである。長く書いてから「書き直し」を指示しては、やる気がそがれる。

視写させたあとは、少しずつ入力を減らし、一部分を自分の言葉に変えさせていく。

最後は、宛名書きテンプレートを使って、学校宛てにハガキを書かせる。

■指示　休み中に先生に手紙を書いて、学校宛てに出します。

夏季休業中なら暑中見舞い・残暑見舞い、冬季休業中なら年賀状を選んでおく。このとき、返信用（教師用）に必ずもう一枚ハガキを注文しておこう。

3▼視写のスピードを上げることの効果

視写のもう一つの大きな効果は、そのスピードを上げていくと、文章の短期的な保持時間が少しずつ延びることである。速く書くためには、文のある程度のまとまりを頭に入れておく必要がある。だから、脳の短期記憶力が鍛えられるのである。文章の短期的な保持時間が伸びることは、聞き取りの能力が伸びることに直結する。それだけではない。話す力も伸ばす。話すとは、文章を短期記憶力で保持し、それを順次音声化することである。

このように、視写には、読む・書く・話す・聞くの四つの能力の基礎体力を、バランス良く付ける効果がある。

視写のスピードを上げるためには、継続的なトレーニングが必要である。短時間でよいから毎日やるのがベストである。週三～四時間しかない中学国語の授業では、毎回するといい。

授業開始後五分間で漢字スキルを終え、次の五分間を視写のスキルトレーニングに充てるのである。教材には、『天声人語』などの新聞一面のコラムを使う。ノートは、字数のカウントができるノートに限る。新聞コラムの場合は、新聞社から「書き写しノート」が出ているので、私はこれを使っている。

■指示　正確に、しかもできるだけ速く書き写しなさい。時間は五分です。

こうして五分で視写させ、書いた字数をメモさせておく。これを、毎時間続けるのである。

最初は、なかなか速くならない。しかし、あるときからぐんと速くなってくる。クラスの大半の生徒がその域に達したら、ディクテーション（聴写）に移るとよい。

8 易から難に配列する

1▼数をこなさなければ定着しない

長文読解のテストが苦手な生徒は多い。テストには大問一から初見の長文問題が出る。生徒にとっては未習の問題と映る。国語が苦手な生徒の多くは、長文問題を見ただけで、面食らうのである。時には、長文の説明文を集中的に扱って、長文読解力を鍛えたい。

このときの原則は、これである。

教材は、易から難の順に配列する。

まずは、易しい教材を使って、基本的な読解技能を身に付けさせる。
次に、その技能を使って解ける教材を扱う。
最後に、あれども見えずを問うような難しい文章に挑戦させる。

『国語2』（光村図書、平成二十四年度版）を例にすると、三学期の説明文教材は「モアイは語る」だけである。問いが二つあり、その答えが二つある。しかし、大きな答えが最後にあり、大きな問いは最初の方に隠れている。

二学期の説明文教材「君は『最後の晩餐』を知っているか」は、問いも答えも隠れている。

二学期の読書教材に、「五重の塔はなぜ倒れないか」という説明文がある。これは、問いが一つ、それに対応した答えが一つのシンプルな文章だ。

よって、

①「五重の塔はなぜ倒れないか」

②「モアイは語る」

③「君は『最後の晩餐』を知っているか」

の順に扱うのである。

2▼授業の実際

(1)「五重の塔はなぜ倒れないか」の授業

文章構成をとらえさせる。シンプルに問いと答えを確定していく。

形式段落番号を書き込ませてから問う。

■発問1　問いの段落は何段落ですか。

・第②段落

■発問2　問いの文はどれですか。

・「いったい、三重の塔や五重の塔はなぜ倒れないのだろうか」

■発問3　答えの段落は何段落ですか。

・第⑱段落

■発問4　答えの文はどれですか。

・このように、木のしなやかさ、「差し込み結合」、「重箱構造」、心柱「の閂作用」といった働きが組み合わさって、五重の塔は、揺れるからこそ倒れない建築となったのである。

（2）「モアイは語る」の授業

文章の全体構造をとらえさせることをねらった授業。前述したように、問いが二つあり、その答えが二つある。しかし、大きな答えが最後にあり、大きな問いは最初の方に隠れている。

まず、二つの問いの文、そのそれぞれの答えの文を確定していく。

問いの文1「いったいこの膨大な数の像を誰が作り、あれほど大きな像をどうやって運んだのか。」

答えの文1「島の人々はヤシの木をころとして使い、完成したモアイを海岸まで運んだのであろう」

問いの文2「いったい何があったのか。」

答えの文2「そのような経過をたどり、イースター島の文明は崩壊してしまった。」

次に、隠れている問いと答えを確定していく。

■発問1　この文章には大きな問いの文が隠れています。どの文ですか。

・実は、この絶海の孤島で起きた出来事は、わたしたちの住む地球の未来を考えるうえで、とても大きな問題を投げかけているのである。

■指示1　問いの文に書き直しなさい。

・わたしたちの住む地球の未来を考えるうえで、この絶海の孤島で起きた出来事が投げかけた大きな問題とは何か。

■発問2　答えの文はどれですか。

・地球の人口が八十億を超えたとき、食糧不足や資源の不足が恒常化する危険は大きい。

■指示2　問いに正対した文に直しなさい。

・地球の人口が八十億を超えたとき、食糧不足や資源の不足が恒常化するという問題。

（3）「君は『最後の晩餐』を知っているか」の授業

この文章は、問いの文も答えの文も明確でない。そのために、なかなか文章の全体構造をとられられない。

そこで、まず全体をまとめている文を確定し、そこから答えになる文、問いの文を確定していく。

■発問1　まとめの段落は何段落ですか。

・第⑯段落

■発問2　この段落を三十字程度で要約しなさい。

・解剖学、遠近法、明暗法等の絵画の科学とその可能性が見られるから。

■発問3　問いの文はどれですか。

・わたしは、この絵を見たとき、なぜか「かっこいい。」と思った。

■発問4　問いの文の形に書き直しなさい。

・わたしは、なぜこの絵を見たとき「かっこいい。」と思ったのか。

まず易しい教材を使って、基本的な問いと答えの見つけ方を習得させ、次に、その技能を使って解ける教材を扱う。このようにして、技能を高めていくことができる。

9 個別評定する

1▼指導評価で教える

評価できないものは、教えることができない。

逆に、評価することができれば、教えることができる。

評価することで教える方法が、指導評価である。

指導評価は、指導のための評価である。評価のための評価とは異なる。

生徒に指示してやらせてみて、その結果を個別評定していく。どれが良くて、どれが悪いのかが一目瞭然になる。そのうえで、もう一回挑戦させるのである。生徒は、自分で学んでより良いものをもってくる。

この間、一切説明していない。個別評定は、一切の指導言なしで教える方法の一つである。

2▼個別評定で教える要約方法

どのような文章でも応用可能な要約方法を一つだけ教える。ある教材文だけに通用する方法では、応用ができない。

第一段落の要約文を書きます。二十五字以内で書きなさい。書いた人はノートを持ってきます。

いきなり指示する。生徒は戸惑う。しかし、やがて生徒は、その段落のキーセンテンスを探そうとする。字数制限は短いほど難しくなる。二十五字なら、どんな文章でも要約が可能である。

やがて、何とか書いた生徒がノートを持ってくる。ノートに〇を付けて、黒板に書かせる。黒板にずらっと要約文が並ぶ。

十点満点で評定します。

出された要約文を評定していく。採点基準は、キーワードが入っているかどうかだ。キーワードは三つ入れる。三点×三＝九点とする。あと一点は、文として書かれているかである。

この時点では、評定だけで、その理由は言わない。

これを参考に、もう一度要約文を書きます。書いたら持ってきます。

生徒は、評定の高い要約文に共通するキーワードに注目する。

そのキーワードを入れた要約文を書いてくる。これも板書させる。

評定します。
・三点。キーワードが一つ。
・六点。キーワードが二つ。
・九点。キーワードが三つ。

今度は、このように評定の理由を短く言う。

評定しながら、キーワードに傍線を引いていく。


これを参考に、もう一度要約文を書きます。書いたら持ってきます。


板書させる。すると、ほぼ同じ要約文が並ぶ。なぜか。

この時点では、キーワードは、すでに三つとも確定している。三つのキーワードをすべて入れて、何がどうしたという文にすればいい。こうして、ほぼ同じ要約文ができるのである。

この要約指導を繰り返すと、次第に生徒もキーワードの確定の仕方に慣れてくる。これこそ要約文を書くスキルの核となる技術である。

10 変化をつけて三回繰り返す

1▼変化をつけて練習量を確保する

一回聞いただけで「わかる」という生徒はいる。しかし、それだけでは「できる」ようにはならない。できるようになるためには、わかったうえで、習熟することが必要なのである。

習熟させるために、絶対に必要なのが、「繰り返し」である。これは、スポーツをはじめ、あらゆる芸事に共通する上達論である。

授業も同じである。しかし、ただ単に、同じ事を何度も何度も繰り返しやらせていれば、当然飽きてしまう。

どうしたら、飽きずに繰り返し練習させることができるか。

変化のある繰り返し

向山洋一氏の授業の大きな特徴である「変化のある繰り返し」で授業を組み立てるのである。国語の授業では、中学校でも、毎時間活用すべき教育技術である。

たとえば、音読である。

一回目　指示「自分で一回音読したら座ってもう一回読みます。全員起立」

二回目　指示「隣の人と一文交代読み。一回終わったら役割交代。二回読んだら座ります。全員起立」

三回目　指示「一文交代リレー読み。最初の二人起立」

気がつくと五回読んでいる。もうそんなに読んだのか、と生徒が言う。変化をつけると、何回も繰り返していることに気がつかない。気がつかないうちに練習量を確保することができるのである。

2▼三回繰り返して成功させる

変化のある繰り返しは、練習量を確保するためだけではない。少ずつ難易度を上げ、スモールステップで高度な技能を身につけさせる上でも効果的である。

要約の仕方の指導は、難しい。しかし、変化をつけて三回繰り返す方法でやると、知らないうちに力をつけることができる。

『国語1』（光村図書、平成二十四年度版）の説明文教材「流氷と私たちの暮らし」の中から、部分を限定して要約指導をした。

■指示1　形式段落⑤を二十五字以内で要約しなさい。

ノートに書かせ、できた生徒から板書させていく。

これを十点満点で評定していく。

・大気と海洋のおかげで存在する地球の生命　【六点】

・地球上を巡っている大気と海洋　【四点】

・地球環境の形成に大切な働きをする両者の循環　【四点】
・両者の循環の鍵を握る流氷　【四点】
・大気と海洋の循環の鍵を握る流氷　【六点】
・地球の生命を守る大気と海洋　【六点】

■指示2　これを参考に、もう一度二十五字以内で要約しなさい。

ノートに書かせ、できた生徒から板書させていく。

これを十点満点で評定していく。今度は、板書でキーワードを示し、短いコメントを入れていく。

・大気と海洋のおかげで存在する地球の多様な生命（二十二字）

「他にない重要なキーワードが入っています。六点」

・地球上をともに巡っている大気と海洋（十七字）

「重要なキーワードが入っています。四点」

・地球環境の形成に大切な働きをする大気と海洋の循環（二十四字）

「絶対に必要なキーワードが入っています。六点」

・大気と海洋の循環のかぎを握る流氷（十五字）

「他にない重要なキーワードが入っています。六点」

■指示三　これを参考に、もう一度二十五字以内で要約しなさい。

・地球の生命を守る大気と海洋の循環のかぎを握る流氷（二十四字）

最初は、ノーヒントで要約させ、評定だけする。この評定がヒントになる。なぜ、この点数なのか。それぞれの答えを比較検討していく中で、共通するキーワードに気づいていく。一つだけ高い点数のものがあれば、その答えにだけしかないキーワードは何かを考え始める。

次は、評定しながらその理由をコメントしていく。キーワードに傍線を引きながらコメントすることで、盛り込むべきキーワードは何かを確定していく。

最後に要約させると、ほぼ全員が満点になる。盛り込むべきキーワードをすべて入れ、それをいかにつなぐかだけを考えればよいからである。


このように一つの技能に習熟させるためには、三回やるということに重要な意味がある。

一回目は、まず活動から入る。まずやってみるということである。

二回目は、その結果をもとに、検討を加えたうえで、答えを考える段階である。

三回目は、答えを確定し、そのやり方を習得したことに自信をもつという段階である。

変化のある繰り返しは、単に練習量を確保するためだけではない。段階的にスキルアップを図るスモールステップになっているのである。

第2章　生徒が苦手な教材▼楽しい授業に大転換する指導アイデア

❶文法教材

1　単語の分類が苦手

1▼簡単なことから始める

文を単語に分けたあと、単語を十の品詞に分類することになる。これが、なかなか難しい。

- 単語（10種類）
  - 自立語（8種類）
    - 活用する ─ 述語になる
      - 終止形がウ段で終わる ── 動詞
      - 終止形が「い」で終わる ── 形容詞
      - 終止形が「だ」で終わる ── 形容動詞
      - （以上、用言）
    - 活用しない
      - 主語になる ── 名詞（体言）
      - 主に修飾語になる ──（連体）連体詞・（連用）副詞
      - その他 ── 感動詞・接続詞
  - 付属語（2種類）
    - （活用しない）助詞
    - （活用する）助動詞

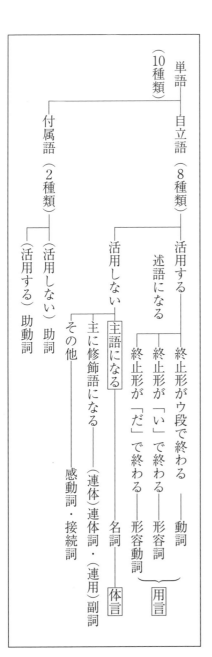

教科書では、このような図をもとに、上から下にフローチャートのように説明する。しかし、このような全体像を示しながら説明すると、苦手な子はわからないまま、とりあえず説明を聞いている、という格好になりやすい。

しかも文法用語が一気に出てきて、苦手な生徒はそれだけで引いてしまう。

そもそも、活用する・活用しない、で分けるというのがわかりにくい。活用は、用言の活用で初めて学習する事項である。単語の分類を学習する段階では、未習事項なのである。かといって、この時点で、活用とは何かに深入りすると、苦手な生徒は、ますます苦手意識をもってしまう。

このあたりをどう授業するか。

簡単なことの上に簡単なことを積み上げる。

2▼簡単な定義を教え、例を探させる

まず、いきなり先の図のような全体像は与えない。初めて耳にするような文法用語も使わない。簡単な例文を扱って、ごくごく簡単なことから始める。その簡単なことの上に簡単なことを積み上げる。これが、基本的な考え方だ。

具体的には、簡単な定義を教え、例を探させる。これを、次のような順序で、考え方の流れをはっきりさせて教える。この二つで相当程度生徒は理解できる。

それも、一気にやらない。段階を追って、主要なことをやって、少しずつ全体像を示していくのだ。

（1）名詞を教え、たくさん探させる

「名詞はものの名前です」「愛や空気など、形のないものでも名詞があります」

「人間は、名前をつけることで、自然や世の中のことをどんどん明らかにしていったのです」

（2）動詞を教え、たくさん探させる

「動詞は、動きに関係する言葉です。言い切りが、ウの段になります」
「愛する、考える、疑うなど、心の動きも動詞です」
「止まる、固まる、いる、ある、も動きませんが、動詞です」

形容詞を教え、たくさん探させる。

「形容詞は、様子を表す言葉で、言い切りが～い、～しい、になります」

形容動詞を教え、たくさん探させる。

「形容動詞は、形容詞と同じで様子を表す言葉ですが、形が違って、言い切りが〜だ、になります」

(3) 体言と用言を教える

「言葉の一番基本は名詞です。名詞があれば、とりあえず相手に言いたいことが伝わる。その意味で、名詞は、言葉の体の一番大事なところなので、体言と言われます」

「その次に大事なのは、動詞、形容詞、形容動詞です。これらがあれば、名詞を主語にして、述語が作れます。この三つは、活用するので、用言と言われます」

(4) 連体修飾、連用修飾を教えながら、連体詞、副詞を教える

「体言と用言があれば大体言いたいことは伝わりますが、どんな、どのようなを付け加えるのが修飾です。体言つまり名詞を修飾するのが連体詞、用言つまり動詞、形容詞、形容動詞を修飾するのが副詞です」

(5) その他ということで、接続詞、感動詞を教える

「その他、文と文、語と語を一語でつなぐ接続詞、感動・呼びかけ・応答・あいさつなどを表わす感

動詞があります」

(6) 自立語に対して、付属語があると教える

「雪、投げる、この、しかし、これらは、それだけ言えば何が言いたいかわかります。今までやってきた八種類を自立語と言います。一方、が、も、まで、です、など、それだけでは何を言っているかわからない単語もあります。これらは自立語にくっ付いて意味が出てくる単語です。こういう単語を付属語と言い、二種類あります」

2 用言の分類が苦手

1▼全体像をつかませる

ここまでで、付属語二種類（助詞・助動詞）、自立語八種類（名詞・動詞・形容詞・形容動詞・連体詞・副詞・接続詞・感動詞）を扱ってきた。図示する。

自立語（8種類）
- 主　語になる（1種類）……（名詞）【体言】
- 述　語になる（3種類）【用言】
- 修飾語になる（2種類）
- 接続語になる（1種類）……（接続詞）
- 独立語になる（1種類）……（感動詞）

■説明　このように、主語になる単語を『体言』、述語になる単語を『用言』と言います。
体言になる単語は一つ。何ですか。（名詞）

2▼二段階で分類の仕方を教える

■説明　述語になる単語『用言』には、次の三種類があります。

- 用言（3種類）
  - 動詞
  - 形容詞
  - 形容動詞

■説明　三種類に分ける方法は二段階です。第一段階、調べる単語を、原形（言い切りの形）に直します。

■発問　次の傍線部分の述語になる単語『用言』を、原形（言い切りの形）に直しなさい。

山田君は、どんどん　走り　ます。
松原君は、すぐに　楽しく　なる。
田中君は、いつも　さわやかだっ　た。

山田君は、どんどん　走り　ます。
（走る）。

（楽しい）。
松原君は、すぐに　楽しく　なる。
（さわやかだ）。
田中君は、いつも　さわやかだっ　た。

■**説明**　第二段階、原形（言い切りの形）に直した一番最後の一字を調べます。

う・く・す・つ・ぬ・ふ・む・ゆ・る・う・ぐ等
走る…………………「ウ段」なら動詞
山田君は、どんどん　走り　ます。
楽しい…………………「い」なら形容詞
松原君は、すぐに　楽しく　なる。
さわやかだ………………「だ」なら形容動詞
田中君は、いつも　さわやかだっ　た。

■**説明**　最後が「ウ段：うくすつぬふむゆるうぐ」なら動詞、「い」なら形容詞、「だ」なら形容動詞です。

このようにして、まず原形（言い切りの形）に直してから、語尾で判別することを徹底するのである。

独立語	接続語	修飾語	主語		修飾語	述語		
はい、	けれども、	小さな	町	は、	どんどん	消える	の	です。
○	○	○	○		○	○		
1	1		1					
〔感動詞〕	〔接続詞〕		〔名詞〕					

■**発問**　述語の単語「消える」の品詞は何ですか。

（動詞）

■**発問**　なぜ「動詞」なのですか。

（一番下が「ウ段」で終わっているから）

❶文法教材

3 活用が苦手

1▼指導のポイント

中学生が苦手とするのが、「活用」とは何か、ということを真に理解することである。これは、説明すればするほどわからなくなる。これを教える原則はこうだ。

教えることを一つに絞り、練習量を確保する。

教えることは、一つである。

下に付く言葉を教える。

用言の下に付く言葉のうち、その代表的なものを教え、覚えさせる。未然・連用・終止・仮定・命令の形を導く言葉を暗記させる。

2▼「活用」を教える

それを具体化したものが、ＴＯＳＳ中学で発表された山田高広氏の「活用のものさし」である。

はな	さ	ない	〔未然形〕
	そ	う	〔未然形〕
	し	ます	〔連用形〕
	す	。	〔終止形〕
	す	とき	〔連体形〕
	せ	ば	〔仮定形〕
	せ	！	〔命令形〕

この点線部分を「活用のものさし」と教える。この縦書きのシンプルな図示は、光村図書版教科書に取り入れられた。これは、一目で活用とは何かがわかるようになっている。横書きの活用表では、生徒は、わかりにくいという。

■指示　活用のものさしを使って活用させてみよう。

「はなさない」

「はなします」

「はなす。」

「はなすとき」

「はなせば」

「はなそう」と一斉に言わせる。

■説明　このように、下に付く言葉によって変化することを「活用」と言います。

生徒にも「活用」と言わせ、ここで「活用のものさし」をノートに視写させる。

3▼練習量を確保する

「話す」と同様に、「書く」「言う」「走る」「歩く」「読む」「聞く」などを言わせていく。五段活用の動詞だけを扱うのである。

こうしておいてから、板書の活用語尾を指で指し示しながら短く説明する。

■説明　「さ・し・す・せ・そ」、「か・き・く・け・こ」、「あ・い・う・え・お」、「は・ひ・ふ・へ・ほ」

このように、変化、活用することを「五段活用」と言います。

次に「生きる」「起きる」「着る」「見る」「信じる」などを扱う。

■説明　「き・き・きる・きる・きれ・きろ・きよ」、「み・み・みる・みる・みれ・みよ」、「じ・じ・じる・じる・じれ・じろ・じよ」

このように、活用することを「上一段活用」と言います。

最後に「食べる」「答える」「覚える」「構える」などを扱う。

■説明　「え・え・える・える・えれ・えろ・えよ」

このように、活用することを「下一段活用」と言います。

このように、練習量を確保しておいて、そのあとに、五段活用、上一段活用、下一段活用という用語を与えるのである。さらに、「　」で示した活用形を教える。練習量の確保が、わかる・できるコツである。

❶文法教材

4 連体詞と副詞の区別が苦手

1▼全体像をつかませる

単語の分類の最後、いよいよ連体詞と副詞である。
まず、全体像を図示する。

自立語（8種類）
- 主　語になる（1種類）……〔名詞〕 体言
- 述　語になる（3種類）…………用言
  - 〔動詞〕
  - 〔形容詞〕
  - 〔形容動詞〕
- 修飾語になる（2種類）
- 接続語になる（1種類）……〔接続詞〕
- 独立語になる（1種類）……〔感動詞〕

■説明　修飾語になる単語には、次の二種類があります。

修飾語になる単語（2種類）
- 連体詞
- 副詞

■説明　この二つには、「活用しない」という共通点があります。

> 修飾語になる単語（2種類）
> - 連体詞
> - 副詞
>
> 文のどこにあっても変化（活用）しない。

このことをここで説明したのは、次の理由による。

修飾語になる単語には、連体詞・副詞以外にも、動詞・形容詞・形容動詞がある。

しかし、それをここで教えたのでは、全体を大づかみに教えたことにならないからである。情報が多すぎて、これを初めて学ぶ生徒には、「難しい」という印象を与えてしまう。文法を教える原則は、こうである。

> まず全体を大づかみに、それから細部を例外として教える。

ここでは、あえて、一部だけを教えている。これは、あとで「例外」として教えるよ、ということの伏線である。

伏線であるから、最後に「例外」として教えたときに、すっと頭に入ってくる。いきなり、「しかし、例外があります」と教えると、生徒には新しい学習事項と受け取られ、「難しい」という印象を与えてしまう。

2▼修飾する相手で区別させる

■説明　連体詞か副詞か、それは修飾する相手によって決まります。

> 【修飾する相手】
>
> 修飾語になる単語（2種類）
> - 体言（名詞）……………………連体詞
> - 用言（動詞、形容詞、形容動詞）……副詞

■説明　修飾する相手が体言なら連体詞、用言なら副詞です。

■発問　体言になる単語は一種類。何ですか。（名詞）

■発問　用言になる単語は三種類。何ですか。（動詞、形容詞、形容動詞）

ここで、実際の文で演習する。

独立語	接続語	修飾語	主語	修飾語	述語
はい、	けれども、	小さな	町　は、	どんどん	消える　の　です。
○	○	○	○	○	○
1	1		1		3
〔感動詞〕	〔接続詞〕		〔名詞〕		〔動詞〕

■発問　修飾語「小さな」が修飾している相手の単語は何ですか。（町）

■発問　「町」の単語の種類は何ですか。（名詞）

■発問　「小さな」の単語の種類は何ですか。（連体詞）

独立語	接続語	修飾語	主語	修飾語	述語
はい、	けれども、	小さな	町　は、	どんどん	消える　の　です。
○	○	○	○	○	○
1	1	2	1		3
〔感動詞〕	〔接続詞〕	〔連体詞〕	〔名詞〕		〔動詞〕

■発問　修飾語「どんどん」が修飾している相手の単語は何ですか。（消える）

■発問　「消える」の単語の種類は何ですか。（動詞）

■発問　「どんどん」の単語の種類は何ですか。（副詞）

3▼例外として教える

修飾語になる単語（2種類）

【修飾する相手】

体言……連体詞
用言……副詞

文のどこにあっても変化（活用）しない。

■発問　修飾語になる単語、連体詞と副詞に共通する点は何でしたか。（活用しない）

■説明　修飾語には、活用する単語もあるのです。どちらも、名詞を修飾する修飾語です。

A　小さな　町
B　小さい　町

■説明　A「小さな」は、文のどこにあっても変化（活用）しません。B「小さい」は、活用させてみます。

かろ　う　［未然形］

小さ	く	ない	〔連用形〕
	く	なる	〔連用形〕
	かっ	た	〔連用形〕
	い	。	〔終止形〕
	い	とき	〔連体形〕
	けれ	ば	〔仮定形〕

■**発問** B「小さい」の言い切りの形（終止形）は何ですか。　（小さい）

■**発問** B「小さい」の単語の種類は、何ですか。　（形容詞）

■**発問** B「小さい　町」と活用しています。この時の活用形は何ですか。　（連体形）

A　小さな　町 ……………… 連体詞
B　小さい　町 ……………… 形容詞「小さい」の連体形

■**説明** このように動詞・形容詞・形容動詞は、「連体形」に変化させれば、名詞の修飾語になれます。

食べる　人　〔動詞〕
美しい　人　〔形容詞〕

静かな　人　〔形容動詞〕
修飾語　〔名詞〕

■説明　同様に、動詞・形容詞・形容動詞は、「連用形」に変化させれば、用言の修飾語になれます。

よく食べ、飲む〔動詞〕
美しく　走る〔形容詞〕
静かに　走る〔形容動詞〕
修飾語　〔用言〕

■説明　修飾語は、活用するかどうかで、どの活用の種類を判断することが重要です。

5 敬語が苦手

1▼敬語指導のポイント

中学生が苦手とするのが、尊敬語と謙譲語の区別である。これは、いくら説明してもわからない。むしろ説明すればするほどわからなくなる。そこで、こうする。

教えることを一つに絞り、練習量を確保する。

教えることは、この一つである。

動作主（主語）は、誰か。

動作主が自分なら謙譲語である。
動作主が目上の人なら尊敬語である。
迷ったら動作主を問えば、尊敬語と謙譲語の区別はできる。
問題は、ある単語についての尊敬語、謙譲語そのものを知らないことである。そこで、こうする。

普通の言い方・尊敬語・謙譲語のセットで覚える。

2▼練習量を確保する

説明しないでいかに教えるか。

江副文法に学んだ方法がいい。

■指示　先生のまねをしなさい。

普通の言い方	尊敬語	謙譲語
（平らに）	（下から上）	（上から下）

（　）内は手の動きを示す。

同様に、手を動かしながら、まねさせる。

普通の言い方	尊敬語	謙譲語
（平らに）	（下から上）	（上から下）
食べる	召し上がる	いただく
見る	ご覧になる	拝見する
行く	お出でになる	伺う

言う	おっしゃる	申し上げる
する	なさる	いたす
いる	いらっしゃる	おる
あげる	賜る	差し上げる

次は教師は「普通の言い方」だけ言う。手の動作を付けながら言う。
尊敬語と謙譲語は生徒が言う。手の動作だけで言わせるのである。

（教師）	（生徒）	（生徒）
（平らに）	（下から上）	（上から下）
食べる	召し上がる	いただく
見る	ご覧になる	拝見する
行く	お出でになる	伺う
言う	おっしゃる	申し上げる
する	なさる	いたす
いる	いらっしゃる	おる
あげる	賜る	差し上げる

最後は、教師は何も言わない。手の動作だけで、すべて生徒に言わせる。

（平らに）	（下から上）	（上から下）
食べる	召し上がる	いただく
見る	ご覧になる	拝見する
行く	お出でになる	伺う
言う	おっしゃる	申し上げる
する	なさる	いたす
いる	いらっしゃる	おる
あげる	賜る	差し上げる

こうすると、変化のある繰り返しで練習量が確保できる。

❷古文教材

1　人物関係が苦手—「徒然草」指導のアイデア

1▼指導のポイント

中学校の古文教材には、短いものが多い。それでも、複数の登場人物が出てくると、人物関係を捉えられない生徒が出てくる。

こういう場合は、次の方法が使える。

> 誰（何）がどうした、を問う。

古文の場合、新しい登場人物が出てくると、肩書きを含めた長い本名で紹介される。その後、その人物は、略称やその肩書きで呼ばれたり、「その人」などの代名詞で呼ばれたりする。これらは同一人物なので、たとえば、すべて「A」という記号でくくる。

また、最初こそ、主語と述語が書いてあるものの、次第に述語だけになり、主語が省略される。そこで、すべての述語に傍線を引き、その動作がどの登場人物かを確定していく。たとえば、「歩く」とあったら、誰が歩いているのかを確定して、登場人物の記号「A」と横に書き込ませるのである。

このようにすることによって、登場人物が何人で、それぞれ何をしたのかが明確になる。これで、話のあらすじもすっきりと理解できるようになる。

2▼授業の実際

教科書に次の古文教材がある。

> 仁和寺にある法師、年寄るまで石清水を拝まざりければ、心憂くおぼえて、あるとき思ひ立ちて、ただ一人徒歩よりまうでけり。極楽寺、高良などを拝みて、かばかりと心得て、帰りにけり。
> さて、かたへの人に会ひて、「年ごろ思ひつること、果たしはべりぬ。聞きしにも過ぎて、尊くこそおはしけれ。そも、参りたる人ごとに、山へ登りしは、何事かありけむ。ゆかしかりしかど、神へ参るこそ本意なれと思ひて、山までは見ず。」とぞ言ひける。
> 少しのことにも、先達はあらまほしきことなり。

人物関係を授業するのに絶好の教材である。
まずタイトルから扱う。

■**発問**　ここに出てくる登場人物の名前を○で囲みなさい。
登場人物「A」と書き込みなさい。

■**指示**　動作を表す述語に傍線を引きなさい。
誰の動作か、登場人物の記号を書きなさい。

仁和寺にある法師。年寄るまで石清水を拝まざりければ、心憂くおぼえて、あるとき思ひ立ちて、
ただ一人徒歩よりまうでけり。

■指示　動作を表す述語に傍線を引きなさい。
誰の動作か、登場人物の記号を書きなさい。

極楽寺、高良などを拝みて、かばかりと心得て、帰りにけり。

■発問　出てくる登場人物の名前を○で囲みなさい。
新しい登場人物は「B」「C」と書き込みなさい。

■指示　動作を表す述語に傍線を引きなさい。
誰の動作か、登場人物の記号を書きなさい。

さて、かたへの人Bに会ひAて、「年ごろ思ひつること、果たしはべりぬA。聞きしにも過ぎて、尊くこそおはしけれ。そも、参りたる人ごとCに山に登りしCは、何事かありけむ、ゆかしかりしAかど、神へ参るこそ本意なれと思ひAて、山までは見ずA。」とぞ言ひけるA。

このようにして、「誰がどうした」を確定していくのである。

2 枕草子が苦手

1▼季節のしおりの扱い方

光村図書版の「季節のしおり」は、暗唱教材の導入に最適である。「春」なら、教科書で「春の七草」を音読させたあと、暗唱教材「中学生のための暗唱詩文集（東京教育技術研究所）」で「春の七草」を暗唱させる。

これを契機に、授業のパーツの一つとして暗唱を取り入れていく。この詩文集の中には、「季節のしおり」に出てくる詩文がいくつも載っている。そこで、この暗唱詩文集で練習したあと、暗唱テストをする。覚えた生徒から、教師の前で暗唱テストを受けさせる。生徒は、思いの外、この暗唱テストに挑戦してくる。普段、話を聞くのが苦手な生徒、ノートを取るのが苦手な生徒など、集中するのが苦手な生徒が、このテストには挑戦してくる。

なぜか。

やることがはっきりしているからである。しかも、私の経験では、聴覚優位の生徒には、ハードルが低い。定期テストでは四十点以下というようなグレーゾーンの生徒が、暗唱ではトップランナーだったりする。

このように「季節のしおり」で暗唱に取り組ませてから教科書教材に入る。暗唱に親しんでくると、教科書教材でも「これやったことある」と生徒が言うようになる。これこそまさに、「古文に親しむ」ということだ。

一流の古典作品との出会いをこうして演出するのだ。

2▼枕草子のスポット

光村図書版の学習の手引きに、次の学習課題がある。

> 「春は……。夏は……。」などの書き出しを借り、自分の季節感を表す文章を四百字程度で書いてみよう。

枕草子を随筆教材として扱い、その型を使って、随筆を「書く」という言語活動である。古文を読みこなすだけでも大変なのに、その上随筆を書くというのは、ハードルが高い。椿原正和氏の先行実践を追試した。

現代語訳の「夏」のところを何度も音読させる。

■**発問** 夏を代表するものは、何ですか。

■**指示** できるだけたくさん箇条書きにしなさい。

・かき氷　・海　・すいか　・プール

■**発問** 夏のどういうところがよいのですか。

・毎日晴天　・毎日休み　・遠くに行ける　・親戚が集まる

■説明　夏ならではのものの良さを自分なりに書くと随筆になるのです。一人一人違ってよいのです。

二、三人の生徒に例示を出させ、黒板に書かせる。

・かき氷…冷たくて、暑いのを忘れさせてくれる。

・海…海で泳ぐといかにも夏という感じがする。

・すいか…暑くてのどがかわいいている夏にぴったりの果物。

・プール…夏休みならでは。泳いでいると暑さを忘れる。

■指示　友達の意見を聞いてまわり、十個書いたら席につきなさい。

■指示　ノートに書いたものから夏を代表するもの五つに順番をつけなさい。

■指示　「夏は……がいい。」というふうに、書き出しを決めなさい。一番に選んだものをここに持ってくるといいです。

・夏は、かき氷がいい。口にすると冷たくて、夏の暑さを忘れさせてくれる。

・夏は、海がいい。海で泳ぐといかにも夏という感じがする。

・夏は、すいかがいい。暑くてのどがかわいいている夏にぴったりの果物だ。

・夏は、プールがいい。泳いでいると暑さを忘れる。いかにも夏という感じがする。

ここでノートを持ってこさせる。しっかり褒める。

■指示　続きは、教科書を参考にしながら書いていきなさい。

❷古文教材

3 内容読解が苦手──「平家物語」を例に

1▼指導のポイント

現行の学習指導要領により小学校でも古文教材が教科書に多く取り入れられた。小学校段階で、音読、暗唱といった古文に「慣れ親しむ」学習は、かなり経験してくることになる。

そこで、中学校ではこれが必要となってくる。

内容読解の指導

古文も物語文であれば、物語文としてあらすじをまとめ、分析し、文章を検討する討論ができるようにまでしたいものである。

内容読解の古文指導として、大森修氏の授業を追試した。

第一時

・平家物語冒頭部分「諸行無常」「盛者必衰」の意味をまとめる。

第二時～第三時

・全体を起承転結に分け、与一がどんな場面で、扇を射なければならなかったかをまとめる。

第四時（本時）

■発問 「あ、射たり。」と言ったのは源氏方ですか。それとも平家方ですか。

・源氏方である。

■発問 「情けなし。」と言ったのは源氏方ですか。それとも平家方ですか。

意見は、「源氏方である」と「平家方である」の二つに分かれる。

理由を発表させながら、討論させる。

〔解答例1〕「源氏方だと考えます。『どよめきけり』のあとにつづく一文として、どちらも言ったのは源氏方と考える方が自然です。『また』という言葉があることから、意見がいろいろあったことを示しています。つまり、射倒した源氏方の武将にも賛否両論、いろいろな意見があったことを示しているのです。」

〔解答例2〕「言ったのは平家方です。もし、源氏方だとしたら、主君である義経の命令に従って行動した仲間を非難することになります。これは、主君の命令に対する反逆です。そのようなことを思ったり言ったりすることは、武士の世界では許されないし、それが主君の耳に入れば殺されます。だから、そのようなことは言うはずはないと思います。」

【解答例3】「いいえ、源氏方でいいと思います。ただし、源氏のある武将が口に出したのではなく、その言えない心の声を代弁して、作者が書いたのです。だから言ったのは作者です。」

最後に冒頭部分を再度音読して授業を終わる。

❸漢文教材

1　漢文の訓読法が苦手（春暁）

1▼指導のポイント

中学校の漢文指導は、到達度が比較的明確である。
一　訓読文を書き下し文にすることができるか。
二　書き下し文をもとに白文に訓点を付けることができるか。
要は、訓読法さえマスターできれば、漢文は古文として読解することができるのである。

しかし、いきなり訓点の付いた漢文を与えると、「わからない」「難しそう」という印象を生徒はもつ。

ここで訓読法を説明しようものなら、「ますますわからない」という生徒が続出する。

なるべく説明せずに、訓読法をマスターする方法がある。


書き下し文を暗唱させてから、訓読文を音読させる。


書き下し文を暗唱させてから訓読文を与える。生徒は、正しい書き下し文（答え）が頭にある状態で、訓読文を目にすることになる。

この状態で訓読文を読ませる。すると、書き下し文の順番で漢字を拾って読もうとする。

何度も何度も訓読文を音読させる。次第に、返り点や訓点が目に入ってくる。

春眠不《ず》レ覚《エ》レ暁《ヲ》

この状態で何度も音読させる。すると、この例文の場合、「レ点」が、なんとなく

□←□

という順番で読むことが了解されてくる。

また、「ヲ」や「エ」など、小さく表記されたカタカナは「送り仮名」を、「ず」と小さく表記された平仮名は「読み仮名」を表していることも了解されてくるのである。

こうしておいてから、返り点や送り仮名を短く説明すれば、生徒は理解することができるのである。

あとは、音読したとおりに書くことで、「書き下し文」が書けることを教える。教科書の教材文を使って、書き下し文に直す練習を何度も繰り返す。

このようにすれば、なるべく説明せずに、訓読法をマスターさせることができる。

2▼訓点を付けさせる指導法

白文に訓点を付けさせる問題がある。これも、説明なしで教える音ができる。

まず、これを提示して、何度も音読させる。

春眠不《ず》レ覚《エ》レ暁《ヲ》

次に、これを提示して、音読させる。

春眠不レ覚レ暁

最後に、これを提示して、音読させる。

春眠不覚暁

こうしておいて、「訓点（返り点と送り仮名・読み仮名）を付けなさい。」と指示する。生徒の頭には、読む順番が入っており、訓点も残像として残っている。だから、難なく訓点を付けることができる。

❸漢文教材

2 漢文の人物関係が苦手（黄鶴楼）

1▼指導のポイント

中学校の漢文教材は、漢詩や故事成語など、短いものが多い。それでも、複数の登場人物が出てくると、人物関係を捉えられない生徒が出てくる。

こういう場合は、古文と同様の方法が使える。

誰（何）が、どうした。

を問うのである。

2▼授業の実際

教科書に次の漢詩教材がある。

黄鶴楼にて孟浩然の広陵に之くを送る　李白
故人　西のかた黄鶴楼を辞し

煙火三月　揚州に下る
孤帆の遠影　碧空に尽き
惟見る　長江の天際に流るるを

人物関係を授業するのに絶好の教材である。
まずタイトルから扱う。

■発問　ここに出てくる登場人物の名前を○で囲みなさい。

黄鶴楼にて　孟浩然（A）の広陵に之くを送る　李白（B）

■指示　複数出てきたので、A、B、と記号を書いておきましょう。

故人　西のかた黄鶴楼を辞し

■発問　ここに出てくる登場人物を○で囲み、AかBかを書きなさい。

故人 西のかた黄鶴楼を辞し
A

■**発問** 「辞し」とありますが、「辞し」たのは、誰ですか。AかBかを書きなさい。

故人 西のかた黄鶴楼を辞し
A　　　　　　　　　　A

このようにして、「誰が、どうした」を問い、書き込ませていく。

煙火三月　揚州に下る
　　　　　　　　A
孤帆の遠影　碧空に尽き
A　　　　　　　A
惟見る　長江の天際に流るるを
B

❹短歌・俳句教材

1 歴史的仮名遣いが苦手

1▼音声入力を先にしてしまう

古文を苦手としている生徒に共通なのは、歴史的仮名遣いがほとんど読めないことである。これでは、古典学習の入り口にも立てない。

歴史的仮名遣いを苦手にしている生徒の多くは、古文を目で読んで面食らってしまう。歴史的仮名遣いで書いてあるところをそのまま発音すると、ことごとく違うと言われてしまう。なぜそう読むのかがわからない。それを質問しようものなら、「ハ行はワ行に変換して読むのが原則」、などと難しい説明が始まる。これらを全部覚えなければ読めないのかと思うと、とても無理だとあきらめてしまう。

歴史的仮名遣いを苦手にしないコツは、古文を音声として先に入力してしまうことである。音声として耳に古文がなじんだ段階で、文字を与える。そうすると、たとえば、「にほひ」は「におい」のことなのだ、ということがわかるのである。

ポイントは、耳になじむまでいかに古文を音声入力するかにかかってくる。

2▼暗唱こそ最適の方法

そう考えると、歴史的仮名遣いの最善の指導法は、暗唱指導である。

暗唱指導は、まず音読指導から始まる。古文を短く区切って追い読みをさせるところから始める。追い読みは、まず教師の範読から始まる。古文の音声が入力されながら、文字を追うことになる。たとえば「にほひ」を、教師が「におい」を読めば、「にほひ」は「におい」と読むのだな、ということが認識される。続いて、その認識を保持しながら、「にほひ」を「におい」と音読する作業が入る。この動きが入ることで、体の五感を使って覚えていくことになる。

次に、少しずつ暗唱して、テストを受けさせる。暗唱するのは、耳から入力された正しい音読（現代仮名遣い読み）である。これを頭の中で保持することが強化されることになる。こうして、頭の中に現代仮名遣い読みがしっかりとインプットされた段階で、古文を日にすれば、現代仮名遣いに直して音読することは、わけなくできてしまう。

暗唱指導で、歴史的仮名遣いの基礎基本は、身に付けられる。あとは、様々な古文に接し、経験値を上げていくだけだ。

一つの方法は、通年で暗唱指導を行うことだ。私は、授業開始後五分を漢字スキル、その後の五分を暗唱指導に充てる。教材は、『中学生のための暗唱詩文集』（東京教育技術研究所のウェブサイトから入手できる）がいい。中学三年間で覚えるべき詩文が網羅されている。これを使って、年間を通して、様々な古文を暗唱させる。

3▼五色百人一首を通年でやる

さらにいいのは、百人一首である。札を取るには、歴史的仮名遣いを理解していなければならない。やんちゃな生徒も、勝ちたいがために、歴史的仮名遣いをすぐに覚えてしまう。

しかも、百首もの和歌に接することができる。これで、ほぼ歴史的仮名遣いのすべてのケースに出会うことができるのである。

このように、ゲームの中で、自然と歴史的仮名遣いが身に付くという点でも、百人一首は優れている。これも、一時集中的にやるより、短時間でも毎時間、通年やる方が効果的だ。私は、授業の終了五分前か、漢字スキルのあとにやることが多い。『五色百人一首』（東京教育技術研究所のウェブサイトから入手できる http://www.tiotoss.jp）なら、五分で二回もできる。（達人なら三回できるが）

4▼テストの答え方を教える

歴史的仮名遣いをマスターしていても、テストで間違える生徒も多い。詰めの指導として、テストの答え方の指導をしておく。

■設問1　「次の傍線部分を、現代的仮名遣いに直して、書きなさい」

やうやう白くなりゆく山ぎは（正解　ようよう白くなりゆく山ぎわ）

ノートに答えを書かせ、持ってこさせる。すると、次のように書いて、×になる生徒がいる。

ようよう　・　わ

これは、設問1を「次の傍線部分で歴史的仮名遣いの部分を探し、現代的仮名遣いに直して書きなさい」と読み誤ったのである。

■設問2 「次の傍線部分を、現代的仮名遣いに直して、すべてひらがなで書きなさい」

やうやう白くなりゆく山ぎは

（**正解** ようようしろくなりゆくやまぎわ）

ノートに答えを書かせ、持ってこさせる。次のように書いてくる生徒が、必ずいる。

ようよう白くなりゆく山ぎわ

これは、もちろん、設問2の中の「すべてひらがなで」という指示を、読み落としたのである。歴史的仮名遣いの部分を現代的仮名遣いに直し、なおかつ漢字をひらがなに直さなければならない。二つのことを同時にやろうとすると、どちらか一つを忘れがちになる。中学生に極めて多いミスである。

定期テストの前には、このような演習問題で、必ず授業しておきたい。

❹短歌・俳句教材

2 短歌の解釈が苦手

短歌の学習では、鑑賞文が書けるようにしたい。

そのためには、まず短歌に読み慣れることだ。年間を通して五色百人一首や五色名句百選カルタを授業に取り入れ、活動の中で読み慣れさせるのが一番いい。

次に、自力で短歌を分析する力が必要だ。そのためには、短歌を分析するための観点を指導する必要がある。基本は視点と対比だ。

1▼「視点」

くれなゐの二尺伸びたる薔薇の芽の針やはらかに春雨のふる　　正岡子規

■発問1　話者には、何が見えていますか。
■指示1　書き抜きなさい。
・くれなゐの二尺伸びたる薔薇の芽の針
■発問2　話者から見えているものを見た順に三つ書きなさい。
①　紅色の薔薇の芽

②　二尺に伸びた薔薇の芽全体
③　薔薇の芽の針

■発問3　「やはらかに」。やわらかいのは何と何ですか。

・「薔薇の芽の針」と「春雨」

2▼「対比」

白鳥はかなしからずや空の青海のあをにも染まずただよふ　若山牧水

■指示1　出てくる色を○で囲みなさい。

■発問2　この二つは、色以外にどういう点で対比されていますか。

・白鳥　↕　空・海
（小）　（大）

■発問3　この対比で強調したいのは、どちらですか。

・白鳥の白、小ささ

（根拠1）　「白鳥はかなしからずや」

（根拠2）　「染まずただよふ」

「青色に染まらないで頼りなく漂っている」白鳥の姿が、話者には悲しそうに見えたのである。

このように、視点や対比の観点を教えやすい短歌を選んで指導し、自力で鑑賞文を書かせる。

❹短歌・俳句教材

3　俳句の解釈が苦手（おくのほそ道）

1▼情景のイメージ化から入る

俳句の得意な生徒は、

「この俳句を解釈しなさい。」

これだけで解釈を書くことができる。

しかし、国語の苦手な生徒は、俳句の情景を描くことができない。これでは解釈どころでない。

そこで、まず情景をイメージさせる発問から入る。

五月雨や　大河を前に　家二軒　　与謝蕪村

■発問1　どこで区切って読みますか。自分で何度も読んでごらんなさい。
・さみだれや　／　大河を前に　家二軒
ほとんどの生徒が、このように音読した。

■発問2　季節はいつですか。季語はどれですか。
・夏　五月雨

■**発問3**　天気は晴れてますか。雨ですか。それとも曇っていますか。

・雨が降っている。「五月雨や」とあるから。

■**発問4**　話者はどこから見ていますか。図を書いて示しなさい。

次の二種類の図が出された。

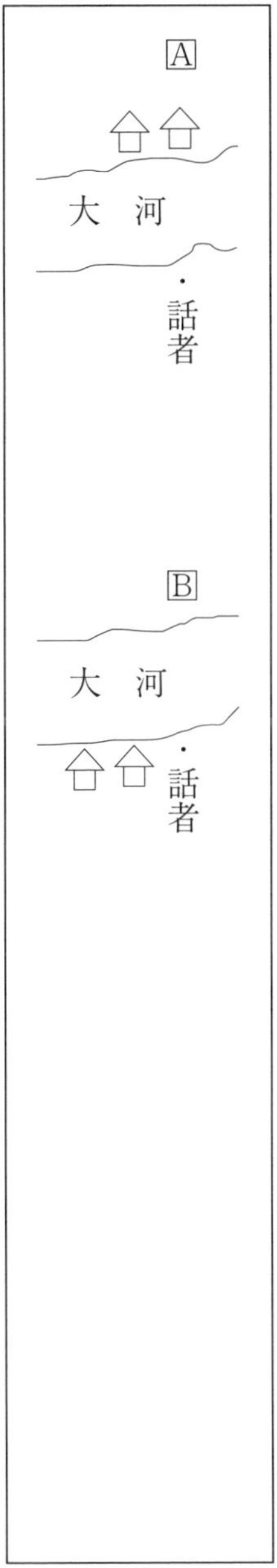

どちらがいいかを話し合わせた。ここでは、結論が出なかった。

次に、主題に直結するポイントを扱う。

■**発問5**　この句の中で対比されているものを見つけなさい。

・大河　↕　家二軒

■**発問6**　これは、どういう点で対比されているのですか。

対比されているのはわかるが、なかなか出なかった。そこで、次のヒントを出す。

・大河　↕　家百軒

■**補助発問**　これだとどうしていけないのですか。

・強すぎる。

これで、ようやく、口々に「強い、弱いだ」と声が出た。

・大河　⟷　家二軒

（強いもの）（弱いもの）

■指示　どちらを強調しているのですか。自分の考えとその理由を書くのが解釈です。自分の解釈を書きなさい。

【大河派】

大河を強調していると思います。なぜなら、五月雨とあるからです。五月雨は長雨です。大河はそれによって水かさが増しています。いつもとちがう大河の様子に驚いたのだと思います。

【家二軒派】

家二軒を強調していると思います。なぜなら、家百軒だと強すぎて、大河の前にあっても、心細い感じがしないからです。

> 解釈というのは、この俳句の情景を物語のように書いていくことです。
> いつ、何が、だれが、どこで、何を、どのように、どうしたか、それを見て、話者はどう感じたかを書くのです。

2▼おくのほそ道の俳句の解釈

閑さや岩にしみいる蟬の声　　松尾芭蕉

■指示　自分のリズムで何回か読んでごらんなさい。

最初は、このように指示し、「自分の解釈なんだから、自分流でいいんですよ。」と教える。

次の句切れが出された。

①　閑さや岩にしみいる　蟬の声

②　閑さや　岩にしみいる蟬の声

③　閑さや　岩にしみいる　蟬の声

強調している言葉をどう考えるかで、自然と読み方も句切れも変わってくる。これでイメージがふくらんでいく。

■発問　季語、季節はいつですか。（蟬・夏）

■発問　対比されている言葉は何と何ですか。

「閑さ」⟷「蟬の声」

「岩」⟷「蟬」

「しみいる」⟷「蟬の声」

「閑さ」⟷「蟬」

■発問　何と何の対比ですか。（静）と（動）

■発問　話者に蟬の声は聞こえていますか。理由も書きなさい。

【聞こえている派】

① 蟬の声が岩にしみいると書いてあるから、蟬の声はしていた。

② 「蟬の声」で終わっているから、蟬の声はしている。

③ 話者は山の中にいて、蟬の鳴き声を聞いてこの俳句を作ったから。

④ 閑さというのは、蟬がみーんと大きな声で鳴いていて、蟬の声以外の音が全く聞こえなかったから、そう感じたのだ。

【聞こえていない派】

① 岩にしみこむというのは、しみこんでしまった状態だから、蟬の声は聞こえないはずだ。

② この俳句は、夏の終わりに岩を見て作られたもので、蟬の声が岩にしみこんでしまったくらい静かだから。

③ 実は話者は山の中ではなく、静かな江戸の家にいて、蟬の声のするふるさとを思い出しているから。

■指示　自分の解釈を書きなさい。解釈というのは、この俳句の情景を物語のように書いていくことです。
いつ、だれが、どこで、何を、どのように、どうしたか。会話があれば「　」を使ってもかまいません。

【聞こえている派】

真夏の山の中、話者は長旅に疲れてひと休みしている。辺り一面、岩だらけだ。それを見ていると、ものすごい蟬の声がする。蟬の鳴き声以外の音がまったくしない。それを聞いていると、まるで、蟬の音が岩にしみこんで、不思議と静かな感じさえする。

【聞こえていない派】

夏の終わり、話者は山の奥深い岩場に来た。まわりは、うっそうたる森に囲まれている。真夏には、おそらくみーんとものすごい蟬の声がしただろう。それも今は、まるで岩にしみこんでしまったように、静まりかえっている。

第3章　生徒が苦手な「書く」活動▶楽しい授業に大転換する指導アイデア

1　一文を短くするのが苦手

1▶「書くこと」が苦手な理由

「書くこと」が、苦手な生徒は多い。その理由は、これである。

情報入力がない。

自分の頭にある情報を出力するのが、「書く」ことだからである。つまり、自分の頭の中に何も情報がなければ、出力もできないのである。従って、書くことが苦手な生徒への指導の基礎基本は、情報を入力してやることになる。

音声で入力すれば、聴写になる。
視覚で入力すれば、視写になる。

聴写や視写は、「書くこと」の基礎訓練になる。書くことが苦手な生徒は、ここから始めるといい。

2▼一文を短くする指導

聴写や視写は、入力した情報をそのまま「書く」という活動である。中学校では、次の段階として、「問い」を情報として入力し、「答え」を出力させたい。これには、テストで教える方法が有効である。

定期テストの「書く」の領域に、「あなたが取り組んだ奉仕活動を一つ取り上げ、その活動の課題とその解決策を書きなさい」という課題作文を出題した。こんな答を書く生徒がいた。

僕は、生徒会のクリーン作戦に参加して、いつもより朝早く起き、ゴミ袋をもって通学を歩いてゴミを探したが、なかなかゴミが見つからなかったので、わざわざ遠回りして大通りを通って登校したら、そこに駐車場があって、吸い殻がたくさん落ちていて、友達を呼んで一緒に一生懸命拾ったら、ゴミ袋がいっぱいになって、困ったので、あとから来た友達のゴミ袋をもらって、やっとそこにゴミを入れて学校に着いたら、清掃美化委員の人が分別してくれたが、ゴミがたくさんあって、とても大変そうだった。

（生徒作品）

一文がものすごく長い。なぜこうなるのか。それは、普段話し言葉で思考しているからである。話し言葉は、「……し、」という順接、「……けれど、」という逆接で、いくらでも続けることができる。

課題作文でも、答えを普段の話し言葉で思考したために、話し言葉で出力してしまったのである。

これを直すには、生徒の作品を教材にするといい。

先の生徒の答を、「一文一義に直しなさい」と指示して書き直させる。

僕は、生徒会のクリーン作戦に参加した。いつもより朝早く起きた。ゴミ袋をもって通学を歩いた。ゴミを探した。でも、なかなかゴミが見つからなかった。そこで、わざわざ遠回りして大通りを通って登校した。そこに駐車場があって、吸い殻がたくさん落ちていた。友達を呼んで一緒に一生懸命拾った。すると、ゴミ袋がいっぱいになった。困ったので、あとから来た友達のゴミ袋をもらって、やっとそこにゴミを入れた。学校に着いたら、清掃美化委員の人が分別してくれた。しかし、ゴミがたくさんあって、とても大変そうだった。

次に、別の課題作文に取り組ませる。ここで生徒は、また長い一文を書いてしまう。そこで、終わったら生徒から持ってこさせ、次の指示をする。

一文を短くします。一文一義に直しなさい。

人の文章より、自分の文章を検討する方が難しい。だから、まず人の文章を直させ、それから自分の文章を直させるのである。

課題作文に取り組ませると、問いに答えるのが精一杯で、一度はできても、すぐ忘れてしまうものだ。このような指導を繰り返し行うことで、一文を短く書く習慣をつけさせる。

定期テストでも課題作文を出題し、採点基準の「一文が長すぎるものはマイナス1点」を明記する。

2 常体と敬体の統一が苦手

1▼常体と敬体の統一が苦手な理由

生徒の作文を採点していると、常体と敬体の統一が、どうしてもできない生徒がいることに気づく。その原因は、いくつかある。

一　そもそもどちらかに統一しなければならないという認識がない。
二　認識はあるが、文章を長く書いているうちに、忘れてしまう。
三　一文が長すぎ、書いているうちに、どちらに統一するのか忘れてしまう。

しかし、生徒に聞いてみると、一番困っているのは、次のことだった。

どういうときに常体、どういうときに敬体にするのか、迷う。

どっちにすべきなのか迷いながら書いているために、結果として両方が混在する文章を書いてしまうのだ。

そこで、次のように指導する。

作文は、基本的に常体に統一します。

敬体にするのは、スピーチの原稿か、手紙などのごく限られた場合である。それ以外は、基本的に常体で書く、ということを指導するのである。

2▼常体への統一を指導する

黒板に次の二文を書く。

一　先生が笑いました。

二　先生が笑った。

「どちらがていねいな言い方ですか。」と聞く。

二　先生が笑った。　ふつうの言い方＝常体

一　先生が笑いました。　ていねいな言い方＝敬体

ていねいな言い方を「敬体」、ふつうの言い方を「常体」といいます。

普通、作文は常体で統一します。敬体で書くのは、スピーチなど話し言葉か手紙などに限られます。

■説明　次の文章は、常体と敬体が混じっています。

■指示　論文なので文末を常体に統一します。敬体の部分に傍線を引きなさい。

私は、筆者の考えに共感します。

理由は、インターネットには、良い部分と悪い部分とがあるからだ。

インターネットでは、様々な場所に書き込みができます。例えば、自分の好きな芸能人のブログへコメントをするとなると、どんな言葉遣いをしたらいいか、何を書こうかなどを考える。そうすると、文章を考える力、立場にふさわしい言葉遣いをする力が身に付く。

しかし、悪口を書かれたりといったことも耳にします。そのようなことがあると、日頃から周りの空気を読んでいかなければならない「察し合い」が基本となってしまう。

■指示　傍線を引いたところを常体に直しなさい。

・私は、筆者の考えに共感する。
・様々な場所に書き込みができる。
・悪口を書かれたりといったことも耳にする。

このようにしてから、自分の文章を読ませ、同じように、敬体に線を引かせて、常体に直させる。

3　文のねじれに気が付かないから起こる混乱

1▼生徒作文から

一文が長いと、いろいろな問題を起こしやすい。その最たるものが、文にねじれが生じることである。

> 私が思ったことは、メロスは決して勇者ではなく、どうしてかというと、途中で疲れて倒れて、悪い夢を見たといって、言い訳をしているので、勇者とはいえないと思う。

いくつもの問題を抱えた一文である。

最初に直すべきは、文の始まりと終わり、文の受け答えを正しくすることである。

文が長いままでは、この問題に気づきにくい。そこで、文を短くリライトした教材文を提示する。

■問題文1　私が思ったことは、メロスは勇者とはいえないと思う。

■発問　おかしいところは、どこですか。
文末である。文末を書き直させる。

■発問　「私が思ったことは」で始まる文の文末は決まっています。空欄を埋めなさい。

私が思ったことは、…………□□□□□。（正解　ということだ。）

■指示　このようにして、問題文1を、正しく書き直しなさい。終わったらノートを持ってきます。

私が思ったことは、メロスは勇者とはいえないということだ。

これで終わってはいけない。詰めの指導をする。

■問題文2　私が思ったことは、メロスは勇者とはいえないと思う。

■発問　別の書き直し方があります。ノートに書いたら持ってきます。

私は、メロスは勇者とはいえないと思う。

4 誤解が生じる文に気が付かないで起こる混乱

1▼修飾部が長すぎる文

これも一文が長いために起きやすい問題である。生徒作文から取り上げる。

赤い屋根の美しい家が見えてきました。

筆者が伝えたいことは、たった一つのはずである。しかし、これでは、幾通りにも受け取られてしまう。結果として、誤解を生じやすい悪文であるといえる。

しかし、生徒は、その問題点に気が付かない。そこで、これを教材文として、次のように授業する。

■発問　この文は、何通りにも読むことができます。いくつ読めますか。ノートに絵を描いて説明しなさい。

ノートを持ってきた生徒から、板書させていく。

①　赤い屋根をもつ、美しい家

② 家全体が赤く、屋根が美しい家
③ 美しい赤色の屋根をもつ、家
この三つが出される。

■説明 このように何通りにも読むことができるような文を書いてはいけません。
■指示 ①の意味に受け取られるように、書き直しなさい。

〔解答例〕 赤い屋根の、美しい家が見えてきました。

■指示 ②の意味に受け取られるように、書き直しなさい。

〔解答例〕 赤い、屋根の美しい家が見えてきました。

■指示 ③の意味に受け取られるように、書き直しなさい。

〔解答例〕 美しい赤色の屋根をもつ家が、見えてきました。

5 課題作文が苦手

1▼総合的な国語力がわかる

公立高校の推薦入試が、全国的に廃止の方向にある。推薦入試は、面接と課題作文という高校が多かった。

この課題作文は、それ相応の準備をしないと、対応が難しい問題ばかりであった。グラフや図表から問題点を挙げさせ、それを解決するために何をどうすべきかを問う、という問題である。

非連続的テキストを分析する力、そこから問題を発見する力、その問題を解決する方向を考える力、それらを論文として構成する力、論述する力等々、まさにＰＩＳＡ型学力が必要とされる良問が多かった。

推薦入試が廃止される一方、一般入試に、高校独自の論文検査をする高校が増えてきた。短時間にかなり長い論文を読み、それについて自分の考えを書かせる課題作文が多い。

読解力、要約力、コメント力、文章構成力等、まさに総合的な国語力が試される。

こうした課題作文を苦手とする生徒は多い。いくつかの言語技術の組み合わせが必要だからである。

こうした問題に対応するには、長期的な訓練の必要な基礎体力づくりと、集中的な訓練が必要な論題分析の二つが必要である。

2▼論題分析

問いに正対した答えを書くのが課題作文である。どんなに構成が整っていようと、問いに答えていない論文は、入り口ではねられてしまう。ところが、この「問い」というのが、意外に難しい。次の例で授業してみよう。

> 次は、「これからの時代に社会生活を送っていく上で必要だと思う言葉や能力」について、調査結果をグラフにしたものである。これを見て、あなたの考えを、自分の体験をふまえて、述べなさい。

これは、単なる一問一答ではない。答えは一つなのだが、その答えを導くためにいろいろと条件が付けられているのだ。中学生には、ここが難しい。

> ■指示　問いの一文に傍線を引きなさい。

・これを見て、あなたの考えを、自分の体験をふまえて、述べなさい。

> ■発問　聞かれていることは一言でいうと何ですか。

・あなたの考え

■発問　何に対するあなたの考えですか。

・これからの時代に社会生活を送っていく上で必要だと思う言葉や能力

■発問　①これ（グラフ）を見て、②あなたの考えを、③自分の体験をふまえて、とあります。①から③は、次の文章構成図のどこに書きますか。

【板書】

はじめ	なか1	なか2	おわり

【正解例】

①調査結果のグラフ　（大まかな傾向を書く）

②自分の考え　（グラフの傾向との比較する）

③自分の体験　（自分の考えの根拠になる）

④最終的な結論　（自分の考え）

3▼論題になりやすいテーマ

長期的な訓練が必要なこととして、論題になりやすいテーマについて、ある程度自分の考えをもっておくことが上げられる。

論題になりやすい分野は、決まっている。

国際理解、情報化社会、地球環境問題、少子高齢化問題、健康・食・農業問題、就職・進学問題

総合的な学習の時間の学習課題である国際理解、情報、環境、福祉・健康等の現代的な課題が、ほとんどなのである。

したがって、よく言われるのが、新聞をよく読みなさい、ということである。しかし、ぼーっと読んでいて力が付くものではない。お薦めなのは、これである。

新聞一面コラムの視写

進学校の推薦入試突破を目指す受験生に、課題作文対策について相談を受けると、私は必ずこの学習方法を勧めた。合格報告に来る彼らは、異口同音に「コラムの視写が一番役に立ちました」という。

やり方は簡単である。方眼罫線のノートを一冊用意する。見開き二ページで使う。新聞コラムを切り抜いて貼り、時間を計って視写する。かかった時間を計測する。最後に、コラムを要約する。

なぜ、この方法が効果があるのか。

もちろん、論文の「型」というものが身に付く。論文のお手本として、語彙が豊富になる。

しかし、一番の効果は、国際理解、情報化社会、地球環境問題、少子高齢化問題、健康・食・農業問題、就職・進学問題といった、中学生には普段あまり考えたこともない時事問題に、答えの例が大量にインプットされることである。

新聞コラムの視写には、即効性はない。したがって、遅くとも中三の夏休みには開始しないと効果は薄い。しかし、一年間続ければ、その効果は確実に上がってくる。お薦めの方法である。

第4章　生徒が苦手な「話す・聞く」活動▼楽しい授業に大転換する指導アイデア

❶スピーチ教材

1　プレゼンテーションが苦手―症例と対応策

1▼「話すこと」は「書くこと」の応用である

「話すこと」は、苦手な生徒が多い。

その理由は、「書くこと」が苦手な生徒が多いことと似ている。


情報入力がない。


自分の頭にある情報を出力するのが「話す」ことであり、「書く」ことだからである。つまり、自分の頭の中に情報がなければ、出力もできないのである。

そして、その頭の中の情報は、「書く」ことによってしか確かめることができない。つまり、指導ができないことになる。つまり、「話す」ことは「書く」ことの応用なのである。書けなければ、話せない。

「書くこと」の指導の先に、「話すこと」がある。

2▼どう情報入力するか

「話す」ことが苦手な生徒への指導の基礎基本は、情報を入力してやることである。

では、どのようにして頭の中に情報を入力するのか。

出力を、「書くこと」で考えると、こうなる。

> 音声で入力すれば、聴写になる。
> 視覚で入力すれば、視写になる。

聴写や視写は、「話すこと」の基礎訓練になる、ということだ。(聴写や視写については、第3章で述べた)

では、出力を「話すこと」で、考えるとどうなるだろうか。

> 視覚で入力したものを、音声で出力すれば、「音読」になる。
> 音声で入力したものを、音声で出力するのは、「再話」である。

プレゼンテーションは、フリップなどの提示資料を見せながら、ポイントを説明する言語活動である。

これは、視覚情報を補助にして「話す」ということである。視覚資料があることで、入力を補助できるのがポイントである。

3▼どう練習量を確保するか

プレゼンテーション（発表）を苦手とする生徒は多い。その理由は、人前で緊張することである。なぜ緊張するかといえば、自信がないからである。自信を付けるには、練習するしかない。自信が付くまで練習させるような授業を受けていないから、発表が苦手な生徒が多いのである。

授業の中で、いかに練習量を確保するか。

発表の局面に限定する。

教科書によくある「プレゼンテーションをしよう」の単元では、プレゼンテーションの題材集めから、発表原稿の作成、フリップやプレゼンテーションソフトを使ったコンテンツづくり、発表、評価活動と、プレゼンテーションのすべての過程が盛り込まれている。これでは、八～十時間の大単元になってしまう。しかも、そのわりには、発表そのものの時間は少なく、練習量が確保できない。そもそも、「話す」ことが苦手な生徒というのは、「書く」ことも苦手であるから、コンテンツづくりでエネルギーを使い果たしてしまう。発表に行き着かない生徒も出てくる。これでは、とても練習量など確保できない。

そこで、発表の局面に限定して授業をすればよい、ということになる。プレゼンテーションの題材集めや、発表原稿、コンテンツは、あらかじめ用意しておき、発表の局面から授業を始めるのである。

もちろん、最初はお手本を見せる。

お薦めは、『天気予報』である。天気予報は、伝達する相手（今日の天気を知りたい人）、目的（今日の天気の予想）が明確である。しかも、発表時間が一分前後と極めて短い。

まず、これは、というテレビの天気予報を録画しておく。ポイントは、ダイアローグ（対話）のある番組を選ぶことである。最近は、テレビであっても、その日の天気に関するクイズを出す番組がある。こうすると、生徒も、プレゼンテーションの中に、必ずダイアローグを入れるようになるからである。

これを、生徒に見せ、「そっくりそのまま真似しましょう。」と言う。

発表原稿を配り、「暗唱するまで音読します」と指示して、何度も音読させる。

①天気概況　②予想天気図　③予想気温図　の三つのフリップを全員に配る。

> 班の隊形にして順番に立って発表します。

いきなり本番である。緊張場面をなるべく多くつくるためである。聞き手の生徒には、感想やアドバイスを言わせていく。「前を見て」「原稿をなるべく見ないで」「もっとゆっくり」などの助言が出る。

> 全体で発表します。ただし、最初の十秒だけです。十点満点で先生が評定します。

すぐ二回目の発表である。出入りを含めて一人二十秒×三十九人＝十三分で終わる。一班ずつ前に出させて、一人ずつ評定していく。「原稿を見ない」「ゆっくり」「笑顔」の三観点×三点＋α一点＝十点満点で評定していく。

次の時間、三回目の発表をしてもらいます。

このようにして、授業を終わる。

こうすると、二時間の授業の中で、本番が三回ある。本番があるから、練習も緊張感が加わる。練習回数も多くなる。こうして練習量を確保することができるのである。

4▼練習ではなく本番を体験させる

プレゼンテーション（発表）は、結局のところ場数である。大人でもそうであるから、子どもはなおさらである。よりよい手本を見せ、場数を踏ませることに尽きる。緊張場面を多く経験させることで自信が付いてくる。

これは、という生徒には、上級のコンテストに挑戦させる。

私は、国際理解教育プレゼンテーションコンテスト、ＮＨＫ全国中学校放送コンテスト、観光まちづくりフォーラムなどに参加させてきた。こういう「対外試合」では、すばらしい「お手本」を見ることができる。もちろん、緊張状態を体験させることができる。入賞などの評価結果を全校生徒に紹介することで、「プレゼンテーションがうまい人は、かっこいい」という規準を校内に打ち立てる効果もある。いいことばかりなのである。

練習より本番をいかに多く体験させるかにかかっている。

❶スピーチ教材

2　インタビューが苦手

1▼質問力を鍛えられる教材

光村図書版三年生の教科書に「記者会見型スピーチ」という新教材がある。スピーチしたことに対して質問し、それに答えるという学習活動が設定されている。この教材の新しさは、「質問力」が試されるところにある。

これは、「聞く力」を測る新しい方法である。そもそも良く聞いていなければ、質問を思いつかない。聞いていても要点を捉えていなければ、良い質問はできない。どんな質問ができたかによって聞く力は測定できる。測定ができれば、聞く力を、鍛えることができるのだ。

2▼授業の実際

教科書では、四人班で、発表者、質問者、司会を分担し、記者会見をする学習活動が紹介されている。しかし、これでは、出された質問を評価・検討する機会がない。評価がなければ、活動あって学習なしになる。そこで、齋藤孝氏の質問ゲームを授業の最初に取り入れて、優れた質問とは何かを、具体例を通して理解できるよう工夫してみた。生徒に授業した実践を以下に示す。

【第一時】

Sさんが、これからスピーチをします。そのあとで、全員が質問します。質問は、スピーチを聞きながら考えます。五つ以上つくり、ノートにメモしなさい。

○生徒が一分程度のスピーチする。

・私は、地域の老人ホームで万代太鼓の演奏をしました。お年寄りたちは、とても喜んでくれました。お年寄りに喜んでいただくという意義は大いにあったと思います。しかし、私たちがめざしていた、お年寄りの方たちが育ててきた地域の伝統文化を私たちが守り継承していくんだという気概が伝わったか、という点では疑問です。そこで、これからは司会を置いて、私たちが活動している目的を説明したり、当日のイベントの趣旨にあった参加型プログラムをつくるべきです。

質問をしてもらいます。自分の考えた五つの質問の中からいいなと思うものを一つ選んで板書しなさい。

○似た質問は、隣に板書させていく。

【A】
Q1　いつ老人ホームで演奏したのですか。
Q2　当日は演奏しかしなかったのですか。

Q3　どうして老人ホームで演奏したのですか。
Q4　老人ホームに万代太鼓をした人はいるのですか。
Q5　老人ホームで演奏する目的は何でしたか。
Q6　そもそも老人ホームでの演奏の目的は何だったのですか。
【B】
Q7　お年寄りはなぜ喜んだのだと思いますか。
Q8　お年寄りが喜べば、それでいいのではないですか。
【C】
Q9　なぜ司会を置かなかったのですか。
Q10　司会は、どのようなことをしゃべるのですか。
Q11　司会を置けば、解決するのですか。
Q12　参加型プログラムって何ですか。
【D】
Q13　万代太鼓の活動の目的は何ですか。

どの質問が一番、相手の主張の趣旨を引き出す質問でしょうか。

○ノートに理由も書かせ、発表させる。

【A】がいい
・みんなが聞きたいことを聞いているから。
【B】がいい
・スピーチしている人も気づいていないことを聞いているから。
・意味のあることを聞いているから。
・意外性のある質問だから。
・するどい質問だから。
【C】がいい
・詳しい説明を求めているから。
【D】がいい
・すぐに答えが出てしまわない質問だから。
・考えさせる質問だから。

> 発表したSさん、あなたの主張の趣旨を一番引き出した質問はどれですか。また、その理由は何ですか。

・Q13の「万代太鼓の活動の目的は何か」です。このようなことは、僕たちには当たり前すぎて、考えてみたこともなかったからです。これを考えることで、改めて何のために活動をしているのか考えるきっかけになりました。だから一番私の主張の趣旨を引き出してくれたと思いました。

このようにして、スピーチ・質問・評価・検討のサイクルをもう一回繰り返す。生徒はまず、出された質問の多様さに驚いた。次に、質問には優劣があることを知ることに気付くことができた。

【第二時】

班で順番に、一人が発表し、他の人が時間までいくつも質問します。その中で発表者が自分の主張を一番引き出してくれたといった質問者が一ポイント獲得。四人が発表したあと、一番ポイントが高い人が勝ちです。

発表一分、質疑応答八分、評定一分の計十分で時間を区切り、一セット。これを四セットやる。こうすると生徒はかなりの数の質問をつくる。また、かなりの数の質問を耳にすることができる。

3▼言語活動には評価を入れよ

新しい教科書には、言語活動が大幅に取り入れられている。しかし、そこで紹介されている学習活動の多くは、評価がない。これでは活動あって学習なしとなる。しっかりとした評価・評定を入れていくことが、学力を付けるポイントである。

（参考文献）

・『質問力―話し上手はここがちがう』齋藤孝著（筑摩書房）

❷聞き取り教材

1 聞き取りが苦手

1▼「聞くこと」も「書くこと」の応用である

「聞く」ということが、いかに難しいかについては、すでに述べた。（第1章 4）

そもそも、生徒をただ観察していても、聞いて理解しているのかどうかは、まったくわからない。つまり、観察するという方法では、「聞く」ことの評価はできないのである。

評価できないということは、指導することができないということに他ならない。

では、「聞く力」をどう評価したらよいのか。

> 書かせて、理解しているかどうかを確かめるしかない。

先に、「話すこと」は、「書くこと」の応用である、と述べた。（第4章 1）

「聞く」こともまた、「書くこと」の応用なのである。

違いは、どこにあるか。

「話す」は、頭の中にある「書いたこと」を入力として、音声出力することである。

「聞く」は、音声入力したものを、「書くこと」で視覚的に出力していることである。

つまり、「話すこと」は「書くこと」を入力情報として利用しているのに対し、「聞くこと」は出力情報として活用しているのである。

2▼「聞くこと」の基礎基本は、聴写である

以上の考察から、「聞く」力を鍛えるには、音声で入力した情報を、書かせることが基本になる。

文章を聞き取りながらメモし、それをもとに出された設問に答えるというリスニングテストのイメージである。

しかし、聞き取りが苦手な生徒は、この「メモを取る」ということが苦手なのだ。メモを取るには、短期記憶力に加え、要約力が必要になってくる。要約力は、聞き取り能力とは、また別の能力である。

これでは、純粋に聞き取り能力だけを鍛えたことにならない。

聞き取り能力だけを鍛える方法はないか。

もっとも容易なのは、音声入力した情報を、そっくりそのまま書かせることである。

聴写（ディクテーション）

聴写は、聞くことが苦手な生徒、メモが苦手な生徒に対する基礎的・基本的な指導法である。

3▼ディクテーションの授業

新聞のコラムを教材とする。

■指示　そっくりそのまま、書きなさい。漢字がどうしてもわからないところは、ひらがなでもいいです。

最初は、一句ずつ（「、」読点で区切って）読んでいく。慣れてきたら、一文ずつ区切って読んでいく。最後は、中学生なら、四十～六十文字を一気に読み上げ、それを文字化させる。

生徒は、じっと集中して聴き、記憶した音声を正確に文字で再現しようとする。なかなか根気の要る作業である。

しかし、やっていると、脳細胞を総動員する作業であることがわかる。

やってみるとわかるが、個人差が実に大きい。漢字も句読点の打ち方も適切な生徒もいれば、ほとんどまっ白な子もいる。しかし、次のよう趣意説明をして、根気強くやらせのである。

この訓練で鍛えているのは、文字の保持能力です。この訓練をやった人は文字の保持能力が、決定的に違います。長い文を脳裏にしっかり蓄えて再現できる子は、例外なく「読解力」があります。文字の保持能力の育成が、やがては「話す」力につながっていきます。話す力がついた人は、自信が付きます。人生が変わるのです。

このようにしていくことで、聞き取りが苦手な生徒でも、聞き取りの力を伸ばしていくことができる。

4▼授業のどこで指導するのか

最近は、NRTなどの標準化された学力テストや定期テストでも、国語の聞き取りテストが行われる。しかし、ともすると「評価あって指導なし」の状態になりがちである。特に指導もしないで、テストだけして評定する。これでは、いくらテストをしても聞く力は伸びない。聞き取りが苦手な生徒は、聞き取りに苦手意識をもつようになり、ますます聞き取りが嫌いになる。

指導をしないでテストをする理由の一つは、年間四～六回ある定期テストの範囲に、毎回聞き取りの題材が含まれているわけではないということがある。

これを解決するには、授業を、コマとパーツで構成するのが一番である。五十分の授業の最初の五分のコマを漢字スキルのパーツに充てる。次の十分のコマを、視写や聴写、暗唱、要約のパーツに充てるのである。このようにすれば、毎日継続しなければ身に付かない国語の基礎体力を効率よく身に付けさせることができる。また、いつ定期テストで聞き取りのテストがあっても、対応させることができる。

❷聞き取り教材

2 メモが苦手

1▼「メモ」は、最も実用的な言語技術である

日常生活では身に付けられない能力を、国語授業では身に付けさせるべきである。聞き取りの能力は、日常生活では、よほど意識しなければ身に付けられない。聴写は、そういう意味では、国語の授業でこそとりあげるべき訓練と言える。

日常生活で、聞き取るときに使う能力に、メモを取るという言語技術がある。しかし、メモの取り方を教えてもらったという記憶は、あまりない。多くの人が我流でやっているわけだ。

生徒もまた、同じである。定期テストに聞き取りテストがある。我流でメモして、設問に答えている。これでは、できる生徒はできるが、メモが苦手な生徒は、まったくできない。

従来は、こうした生徒は、放置されていたのである。

メモという最も実用的な言語技術こそ、国語の授業で訓練すべきと考える。

2▼「メモ」が必要な状況に追い込む

メモが必要な状況に追い込む、良い方法がある。

再話

「再話」とは、要するに、聞いた話の内容をもう一度簡単に再生することである。

起承転結のはっきりした短い昔話を用意する。

① 教師が読み聞かせを二分間程度行う。生徒は、メモを取りながら聞く。

② 生徒は、隣の生徒とペアで、聞いた話の内容を一分間で再生し合う。

③ 全体の前で二〜三人が再話する。

やってみるとわかるが、最初は立ち往生してしまう生徒が多い。

なぜか。

単なる記憶力が必要なだけではないからである。

再話ができるためには、まず話を集中して聞かなければならない。また、再現するためには、話の大切な部分をつかまなければならない。記憶力だけでなく、聞く力、要約力、順序よく話す力まで必要となるからだ。

この再話のポイントは、メモをとれるかどうかだ。そのためには。聞く力と要約力が必要なのである。

3▼「メモ」が書けるようにする

そこで、椿原正和氏が提案している方法で、授業してみた。なお、この方法は、読み聞かせを二回しているが、中学生対象なので、一回とした。

（1）読み聞かせをする。起承転結が明確な短い話を選ぶ。ここでは、イソップ物語から選んで話した

ある日、長い旅を続けていたカラスは喉が乾いてくたくたになっていました。どこかに水はないかと思って下を見ていると、水差しを見つけました。

カラスは、水差しの中を覗くと下の方に水が少しだけ入っていました。水差しにくちばしを入れましたが届きません。

どうすれば、この水を飲むことができるのだろか。カラスは水差しを倒して、こぼれた水を飲むことにしました。しかし、水差しは思ったよりも重くてカラスには倒すことができません。

そこで、またカラスは考えました。そうだ、水差しを壊してしまおう。そう思って、力一杯体当たりをしました。何度も何度も体当たりをしたのですが、水差しはびくともしません。

カラスはどうすればいいんだろう。しばらく考えていると、良いアイディアが浮かびました。

小さな石ころをくちばしで一つずつ水差しの中に落として行きました。三十分くらいかかりましたが、水差しの底の水はからすのくちばしが届くところにまで来て、ようやくカラスは水を飲むことが出来たのです。

（2）話の展開に沿って問いを出し、ノートに答えだけを書かせる。これは、メモを取るのが苦手な生徒への配慮である

■説明　先生が問題を出しますから、みなさんは答えだけを書きます。

■発問　最初に何が出てきましたか。
S：カラス
T：正解（板書：①カラス）
このようにして、発問と板書を繰り返していく。
■発問　カラスは何をさがしていたのですか。
S：水差し
■発問　カラスはなぜ水差しをさがしていたのですか。
S：のどがからからだったから。
■発問　カラスはなぜ水が飲めなかったのですか。
S：水が少ししかなかったから。
■発問　そこでカラスはまずどうしましたか。またその結果はどうでしたか。
S：水差しを倒そうとした。だめだった。
■発問　次にカラスはどうしましたか。またその結果はどうでしたか。
S：水差しを壊そうとした。だめだった。
■発問　最後にカラスはどうしましたか。
S：石を水差しに入れていった。
このようにしていくと、生徒のノートには、次のようなメモができた。

再話
ある日。　カラス。　のどがかわく。
あー、どこかに水。　下見る。　水差し　見つけた
そばに行って　のぞくと　底の方に水が見えた。
くちばしをのばした　↓　ダメ
体当たり　↓　倒せなかった。重い。
壊す　↓　ダメ。固い。
ある方法　そうだ！　↓　石を入れた。

(3) ノートを見ながら話を再現させる

ノートにヒントが残されているから、生徒は再話をすることができた。
次は、発問を少なくしていく。最終的には、発問なしで、メモをさせる。
このように、発問が例示となって、何をメモしたらよいのかを教えていくのである。

第5章　生徒の苦手な「書写」▼楽しい授業に大転換する指導アイデア

1　用具の扱いが苦手

1▼用具の扱い方の指導が五割

書写が苦手な生徒の中には、用具の扱い方が苦手であるために、書写の学習に十分な練習量を確保できないでいる生徒がいる。いわば学習の入り口で立ち止まり、学習そのものに入っていけない生徒である。

しかし、このような用具の扱いの指導などは、たとえば、研究授業では、「できたもの」として先に進んでしまう。しかし、実際の授業では、用具の扱いの指導の成否が、授業の成否をも左右するのである。これは、理科の実験の授業などと同様であろう。

用具の扱いが苦手な生徒は、まず用具が揃わない。揃っても、書き始めるまでに、いろいろなことが起こってしまう。

こうしたことが起こるのを極力防ぎ、一分でも早く、この写真のような整然とした授業にもっていきたい。

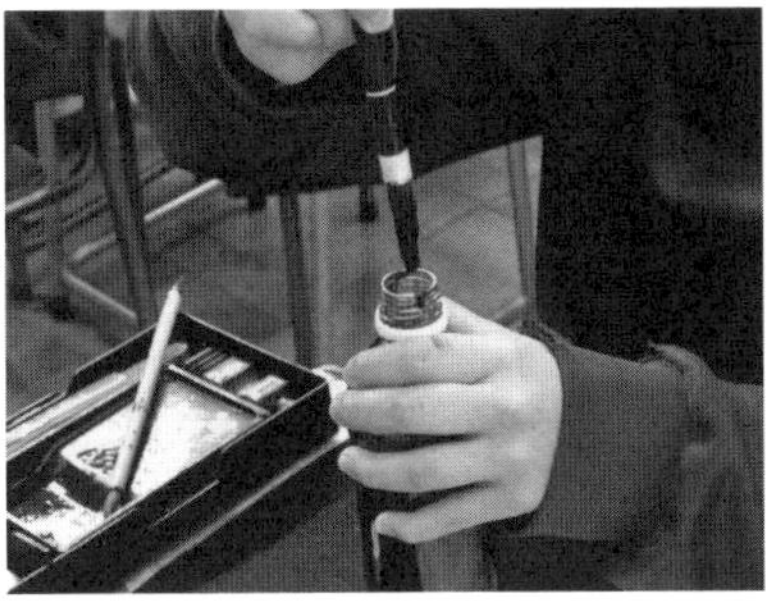

2▼ポイントは水の指導

そのためには、周到な準備と、指導の工夫が要る。それは、授業前から始まっているのである。

どの生徒を想定して授業に臨めばいいのか。それは、特別な支援を必要とする生徒を想定した用具の指導である。そのポイントは、

水の指導である。

ポイントは、授業の開始から終了まで、席を立たせないことにある。そのためには、筆洗いのバケツを教室から追放することが必要である。

代わりに、上の写真のように、五百ミリリットルのペットボトルを用意させ、これで筆おろしから、筆洗いまでを済ませる。授業開始までにペットボトルに水を入れてくる。

筆を洗ったら、上の写真のように、ボトルの口を使って十分に水を切る。こうやれば、席に着いたままで、後始末が完了する。あとは、授業後にペットボトルを排水溝に突っ込むようにして、水を捨てさせる。

こうすれば、机も教室も洗面所も汚れない。「字の上手な人は汚しません。」と言って、きれいに始末できたことを褒める。

3▼用具を忘れた生徒には用具を貸す

中学校で、書写の授業をしようとすると、毎時間、書写用具を持ってこない生徒がいる。これも、学習の入り口にも立てず、学習そのものに入っていけない生徒である。何も対処しないでいると、こういう生徒は、他の生徒から借りようとする。トラブルの始まりである。持ってこない理由は、小学校時代に使った書道用具を紛失したか、処分してしまったかのいずれかである。「用具を買いましょう」といっても、ウンとは言わない。押し問答になる。中学校の書写（毛筆）の時間は、多くても年間十時間程度である。だから、紛失したとしても、絶対に新たに購入しようとはしない。優先すべきは、学習ができるようにすることである。よって方法は、決まっている。

用具を貸す。

そのため、あらかじめ二〜三セット書写用具を用意して、授業に臨む。

授業開始と同時に、全体に用具の準備を指示する。生徒が、用具を準備している間に、上の写真のように、授業の流れを板書しておく。これで、用具を持ってきた生徒は、細かく指示せずとも、自分で進めていく。

その間に、持ってこない生徒をチェックし、用具を貸す。五百ミリリットルのペットボトルも、あらかじめ水を入れておいたものを貸す。

このようにして、授業開始後五分で、全員が学習には入れるようにするのである。

2 筆遣いが苦手

1▼筆遣いの原則を教える

筆遣いが苦手な生徒には、共通点がある。

筆の腹で書く。

こういう生徒の字は、太く、かたく、同じ太さの線で書かれている。無理もない。それまで、筆記用具といえば、鉛筆やボールペンしか経験がないのだから、同様に筆を用いてしまうのである。

生徒の頭の中にある「硬筆持ち」の常識をひっくり返す必要がある。

一　筆の先だけで書く

「筆遣いのコツは、筆の先だけで書くことです。そうすれば、こんなこともできます」

生徒を、教卓の周囲に集める。大筆を取り出し、生徒氏名の手本を書き始める。細字を大筆で書くのである。

「そのためには、筆を垂直に立てます」

ここで、親指と指二本だけで筆を持つ。

「これを、双鉤法（そうこうほう）と言います」

■指示 このように持ち、筆の先だけで、できるだけ細い線を書きます。
半紙一枚に、渦巻きを書いてごらん。一番たくさん渦を書いた人が勝ちです。


一番、たくさんの渦が書けた生徒を取り上げ、褒める。

その生徒に、もう一度渦を書かせ、筆が立っていることと、双鉤法で筆を持っていることに着目させる。

二　筆先は、常に斜め四十五度で書く

次に教えるのは、筆を入れる角度である。

チョークを使い、上図の斜め四十五度の角度で筆を入れることを図示する。

そのまま、右横に引く。ポイントは、その途中でも、筆は四十五度の角度であることだ。さらに、そのまま下方向に縦棒を書く。このときも、筆は四十五度の角度を保つようにする。

次ページの図示は、水書板などに筆で書くより、チョークを横に倒し、四十五度の角度を保ったまま書く方が良い。筆が紙に接触している部分がどうなっているかが、一目でわかるからである。

最後に、「永」の字を、横に倒したチョークを四十五度に保ったまま、板書する。右図のように、途中で筆先の角度が四十五度を保ったまま移動していることを示すと良い。

あとは、ひたすら生徒にこれを書かせて、持ってこさせる。

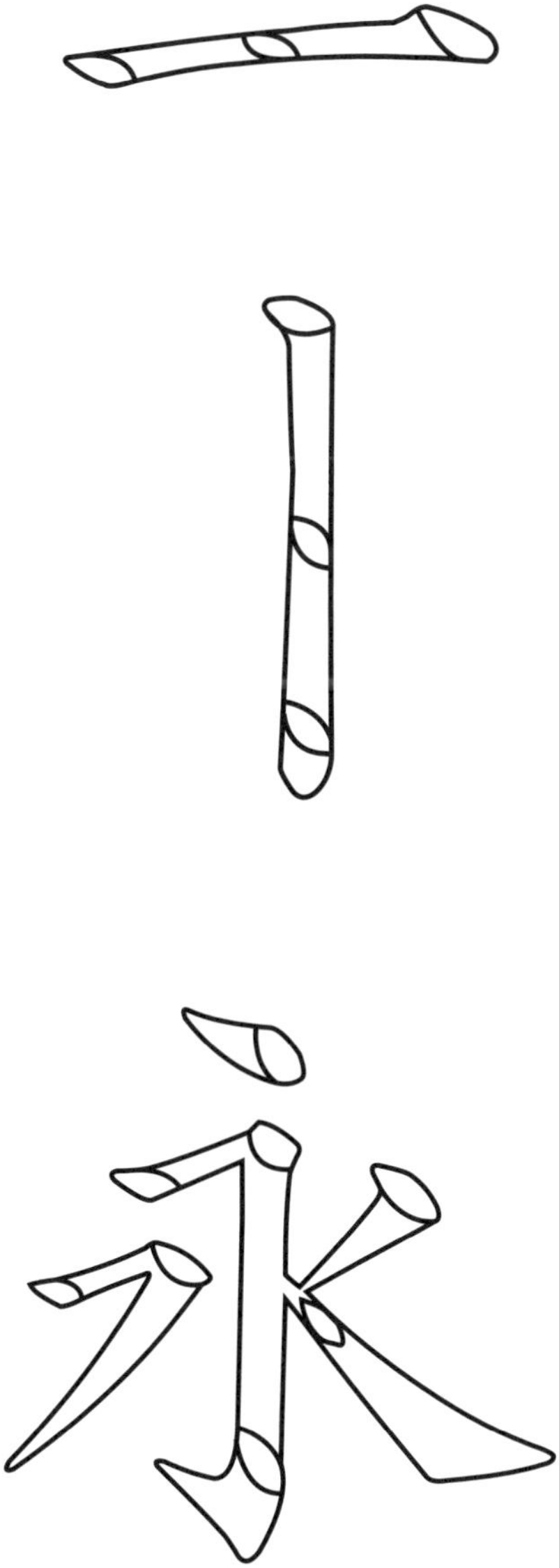

三　手本を直写させる

筆遣いの基礎基本の指導が終わったら、実際に作品を書かせる。

一番良いのは、教師が一人一人に手本を書いてあげることだ。教卓に呼び、手本を書いているところを「見取り稽古」させる。これで生徒は、教師の筆遣い、運筆の速度、リズムといったものを身に付けていく。これは、印刷された手本だけでは、できないことである。特に、名前の手本は、教師が一人一人手本を書いてあげるべきだ。

手本を見てそっくり書かせる。持ってこさせ、できているところを褒め、添削する。添削したらそれを手本にして書かせる。しかし、これだけでは字形も、筆遣いも書き写すことができない生徒がいる。その場合は、

> 手本を下に置き、その上から直写させる。

このようにすると、字形や筆遣いを、作業の中で学ばせることができる。自力では書けないような字が書けたことに達成感を感じ、練習量を確保できるのである。そのためにも、やはり手本は原寸大の手書きが一番である。

3　字形が苦手

1▼美文字の原理原則

字形を整えて書かせるにはどうしたらよいか。二千も三千もある漢字一つ一つについて、その字を美しく書くポイントを指導するわけにはいかない。

そこで、どの字にも通用する原理原則を教え、それを意識して書かせるようにする。

原理原則は、次の三点に絞り込む。

一　右上がりの原則

横画は、すべて少し右斜め上になるように書くという原則である。

二　等間隔の原則

横画が何本かあるとき、その間隔が等間隔になるように書くという原則である。縦画も同様に、何本かあるときは、それがすべて等間隔になるように書く。

三　バランスの原則

横画を右斜め上に書くことによって生じる不安定さを、安定させるために、漢字のある一画を長く書くという原則である。

2▼手本で原理原則を教える

教師が手本を書いて、生徒に渡す。そして、この三つの原理原則を説明しながら、次の図のように①②③の補助線を手本に書き込ませる。

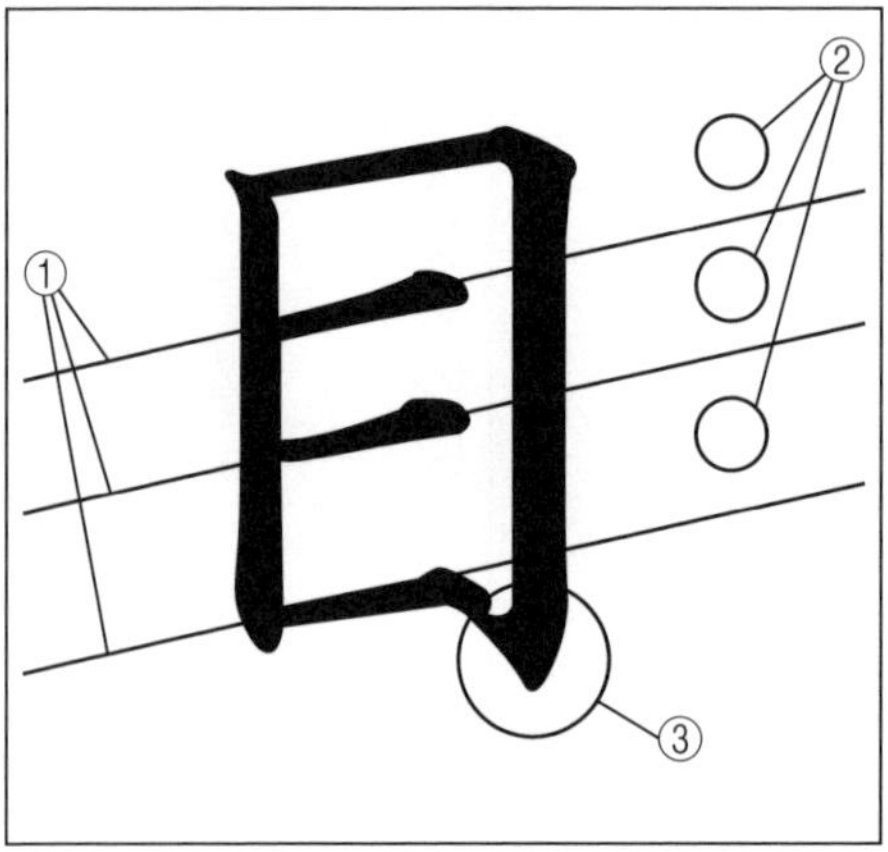

3▼一時一事で書かせてみる

（1）右上がりの原則

■**指示**「目」という字を書きます。横画は、すべて右斜め上に書きなさい。

（2）等間隔の原則

■**指示**「目」という字を書きます。横画が四本あります。この横画四本の間隔を、すべて等間隔にして書きなさい。

（3）バランスの原則

■**指示**「目」という字を書きます。縦画が二本あります。バランスをとるため、二本目の縦画は、少し長く書きます。

（4）添削指導で原理原則に立ち返らせる

原理原則を教えたら、添削指導する。原則通りできているところを褒める。次に書写の教科書を手本に、書かせてみる。

すると生徒は、それぞれの字形に気を取られ、原理原則を忘れてしまう。持ってこさせ、添削指導をする。ここで、三つの原理原則に立ち返らせ、個々の字に補助線を書いて返し、これを手本に書かせる。

このようにして、どの漢字にも原理原則が適応できることを教えていく。

あとがき

『教育科学　国語教育』誌で、「今月の教材―授業づくりのスポット」という一年間の連載を担当させていただいた。毎月、書いていくと、ある一定のパターンができていた。

まず、その教材で生徒がつまずくであろう、苦手な点を挙げる。次に、それをどう指導するかを述べる。

この形で単著にまとめてはどうか、と樋口雅子編集長からお話をいただき、本書のコンセプトができあがった。

期せずして、ここ数年の授業実践をまとめて発表する機会を得ることになった。まとめながら、気づいたことがあった。

生徒が苦手な教材というのは、教師の指導が苦手な教材である。

文法、古典、話す・聞く、書写……。確かに、これらは、国語教師にとって指導するのが苦手な教材といえよう。

教師が教えるのが苦手だから、生徒が苦手になっていく。恐ろしい話であるが、生徒の力は、教師の力量によって規定される、というのは、本当である。

恐ろしくなって、悪戦苦闘した結果、少しずつ苦手を克服する原則が見えてきた。

その多くは、『授業の腕を上げる法則／向山洋一著』に学んだことである。この本がなければ、教えることが苦手なまま、国語が苦手な生徒を量産していただろう。

また、教育サークル日本海で、教師を目指す若い仲間の模擬授業をたくさん検討したことが、大きな経験になっている。今は、晴れて採用となり、各地で活躍している彼らに感謝したい。

ＴＯＳＳ中学新潟いなほの会代表の山田高広氏には、今回も、企画の段階から親身なアドバイスをいただいた。また、いなほのサークルメンバーからは、原稿検討の段階で、たくさんの助言をいただいた。

日頃からご指導いただいているＴＯＳＳ新潟の大森修氏は、本書の企画を報告すると、大変喜んでくださった。国語の苦手な生徒の中には、特別な支援を要する生徒がいる。『グレーゾーンの子どもに対応した作文ワーク　上級編２（明治図書）』の仕事をさせて頂いて、多くを学んだ。特別支援教育の視点から「話す」「聞く」「書く」「読む」とはどういう言語活動なのかを、理解しながら指導することができるようになった。これは、中学生が苦手な国語教材を料理する上で、極めて重要なヒントになった。

明治図書の樋口雅子編集長には、企画の段階から相談に乗っていただいたにもかかわらず、お待たせしてばかりで、ご心配をおかけしました。本書は、私にとっては初めての単著となります。単著として出版することを勧めてくださったのは樋口編集長です。本書の執筆を通じて、中学教師としての最終ステージを、授業実践家として生きる覚悟ができました。このような機会を頂戴しましたことに深く感謝申しあげます。本当にありがとうございました。

平成二十七年十月

松原大介

【著者紹介】

松原　大介（まつばら　だいすけ）
1960 年京都市生まれ
1983 年國學院大学文学部卒業
1994 年新潟県岩室村立岩室中学校教諭
2001 年新潟県聖籠町立聖籠中学校教諭
2008 年新潟市立宮浦中学校教諭
2015 年新潟市立新津第一中学校教諭
TOSS 中学新潟いなほの会　教育サークル日本海

【編著】
「読解力」授業づくりへの挑戦　中学校（明治図書）

【共著】
到達度を明確にした国語科の学力保障・中学校編（明治図書）

【共同執筆】
TOSS 小事典シリーズ・教師のための危機管理小事典
グレーゾーンの子どもに対応した作文ワーク・上級編 2
情報を分析・評価する「レポート力」を鍛える　中学校編
授業力アップシリーズ 5・中学教師の授業力アップ修業術
（いずれも明治図書）

国語嫌いな生徒が大変身する！
中学校国語科授業づくり10の原則・25の指導アイデア

2015年12月初版第 1 刷刊　©著　者　松　原　大　介
2019年 7 月初版第 5 刷刊　発行者　藤　原　久　雄
発行所　明治図書出版株式会社
http://www.meijitosho.co.jp
（企画）樋口雅子（校正）有海有理・広川淳志
〒114-0023　東京都北区滝野川7-46-1
振替00160-5-151318　電話03（5907）6702
ご注文窓口　電話03（5907）6668

＊検印省略　組版所　共同印刷株式会社

Printed in Japan　ISBN978-4-18-176038-0